Was ist deutsch?

Fröhliche Wissenschaft 105

Peter Trawny

Was ist deutsch?

Adornos verratenes Vermächtnis

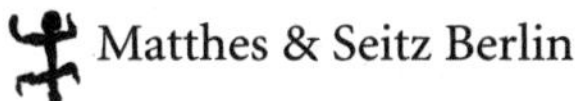
Matthes & Seitz Berlin

Inhalt

»Hier kam es zum Bewußtsein und erhielt seinen bestimmten Ausdruck, was Deutsch sei, nämlich: die Sache, die man treibt, um ihrer selbst und der Freude an ihr willen treiben.«

Richard Wagner

»Die Nationalisierung unserer Masse wird nur gelingen, wenn bei allem positiven Kampf um die Seele unseres Volkes ihre internationalen Vergifter ausgerottet werden.«

Adolf Hitler

»Ich antworte nicht
Sie fragen
sie streuen mir
Asche ins Haar«

Rose Ausländer

»Mit anderen Worten, man ist nirgends mehr zu Hause …«

Theodor W. Adorno

Einleitung. Unterm Matterhorn

Deutschland verändert sich. Es geschieht etwas, das in die Geschichte eingreift, in mein Verhältnis zu dieser Geschichte, dieser deutschen Geschichte. Etwas in Deutschland, an Deutschland, ist alt, ist schwach geworden. Es ist die Bundesrepublik, die Öffentlichkeit dieser Bundesrepublik. Man könnte es vielleicht als das Bundesrepublikanische bezeichnen, das von den dreisten Attacken seiner Feinde erstaunlich erschüttert wird.

Was untergeht, was nach einer langen Zeit der Erosion verschwindet, ist eine spezifische Gestaltung der politischen Öffentlichkeit. Es geht um die Lebensleistung Theodor W. Adornos, um das, was dieser Philosoph nach seiner Rückkehr aus dem amerikanischen Exil aufbauen wollte und aufgebaut hat: eine Gesellschaft, in der es sich nach dem Schrecklichsten wieder leben ließ. Adorno – spiritus rector der Bundesrepublik.[1]

Seine Frankfurter Seminare und Vorlesungen in den fünfziger und sechziger Jahren, seine Präsenz in den Medien (vor allem im Rundfunk) und seine publizistische Tätigkeit haben eine Öffentlichkeit gestaltet, die noch dreißig Jahre nach seinem Tod im Jahre 1969 Bestand hatte; eine politische Öffentlichkeit, die, vom Geist der Kritik und Reflexion beseelt, stark genug war, die Vertreter eines anderen Deutschland in Schach zu halten.

Adorno und die Kritische Theorie haben Generationen von Universitäts- und Schullehrern, Journalisten, Herausgebern und Kulturschaffenden im weitesten Sinne geprägt. Für sie waren die kritischen und stets gut formulierten Ansichten ihres Philosophen ein »Modell« (Adorno verwendete den Begriff gern), an dem sie ihre Meinungen orientieren konnten. Selbst die sich radikalisierenden Studenten am Ende der sechziger Jahre wollten sich auf ihn berufen. Dass er es sich verbat, dass er keine Sympathie mit dem pseudo-revolutionären Terror teilte, hat noch mehr zu seiner integrativen Bedeutung beigetragen. Jene »Adorniten« und ihre Nachfahren treten nun ab.

Man kann sich den Einfluss dieses Philosophen nicht recht vorstellen, wenn man ihn mit dem öffentlichen Status der Philosophie heute vergleicht. Adorno war eine Instanz. Seine pädagogischen Ideen wurden in den Institutionen (Universitäten und Schulen) realisiert. Menschen aus allen Bevölkerungsschichten schickten ihm Briefe, die er zu beantworten versuchte.[2] Die Frankfurter Schule, die auf Adorno folgte und sich den Anstrich gab, in seinem Sinne zu operieren, hat nicht daran angeknüpft. Sie hat sich aus der Öffentlichkeit zurückgezogen, um der Pflicht des Professors und seiner Wissenschaft zu genügen. Es herrscht ein Diskurs-Vakuum.

Adorno, der sich »vom ersten bis zum letzten Tag« »als Europäer empfand«[3], hat sich 1965, anlässlich einer Radiosendung, zur Frage »Was ist deutsch?« geäußert. In den *Stichworten*, den *Kritischen Modellen 2*, hat er seine Ausführungen dann publiziert. Es sollte das letzte von ihm veröffentlichte Buch sein. Siegfried Unseld hat sich auf der ersten Seite dieses Bändchens 347 der edition suhrkamp dazu geäußert. Adorno habe noch »die Fahnen sorgsam korrigiert, den Umbruch konnte er nicht mehr imprimieren«.[4] Am 6. August 1969 starb Adorno im Krankenhaus von Visp an den Folgen eines Herzinfarkts. Ungefähr dreißig Kilometer südlich von Visp befindet sich Zermatt. Im Schatten des Matterhorns hatte der Philosoph seine Sommerferien verbringen wollen. Gut dreißig Jahre früher hatte Luis Trenker dort seinen Film über die Erstbesteigung »Der Berg ruft« gedreht. Ur-deutsche Landschaft, die dann, 1983, auf einem Cover der englischen Band »Depeche Mode« erscheint – »Everything Counts in Large Amounts« war der erfolgreichste Song des Albums. Alles zählt, was in großen Mengen erscheint: das Matterhorn in seinen Bildern, der Song und je nachdem auch das Buch, das Sie gerade lesen. Adorno hätte diesen Zusammenhang verstanden.

»Was ist deutsch?« – eine Frage, die Adorno zu einer Zeit zu beantworten suchte, in der durchaus vieles, wenn nicht alles, was als deutsch galt, auf dem Spiel stand. Nach dem politischen und moralischen Bankrott des »Dritten Reichs« hatte das, was als deutsch galt, seine Selbstverständlichkeit verloren. Wie sehr die weit verbreitete Verdrängung alles Deutschen dann in den sechziger Jahren selbst einen deutschen Charakter hatte, ist häufig betont worden.[5] Doch Adorno wählte einen anderen Weg. Er differenzierte. Man hätte ihm besser zuhören sollen.

Heute, gut ein halbes Jahrhundert nach Adornos Beantwortung der Frage, stellt sich die Frage erneut. Ja, man kann sich des Eindrucks nicht erwehren, dass in einer Zeit, in der von einem Buch mit dem Titel »Deutschland schafft sich ab«[6] nach Auskunft des Verfassers in achtzehn Monaten einundzwanzig Auflagen gedruckt worden sind, diese Frage wieder wichtig geworden ist. Klar, heute geht es um anderes, um die Migrationsbewegungen, die nicht nur Europa fordern, um die mit ihnen verbundenen Verunsicherungen, die aus einer unsicheren Zukunft entspringen. »Was ist deutsch?« – so zu fragen wird unvermeidlich, da die Deutschen in ihrem Land sich mit einer wachsenden Anzahl von Menschen beschäftigen müssen, die offenbar keine Deutschen sind und möglicherweise auch keine Deutschen sein wollen.

Nun ist allerdings für viele, die inzwischen die politischen Diskurse beherrschen, die Frage schon beantwortet. Das Deutsche soll wieder eine »Identität« sein. Deutschland soll sich wieder auf seine »Kultur« besinnen. Allerdings handele es sich um eine prekäre »Identität«, denn Deutschland sei dem Untergang geweiht, wenn nicht ... Ich werde mich am Ende meines Versuchs mit Thilo Sarrazins Buch beschäftigen. Ich werde zeigen, inwiefern Sarrazin die Frage, was deutsch ist, – nicht stellt.

Und doch kann kaum daran gezweifelt werden, dass der immense Erfolg dieses Buches – und nicht nur er – eine Veränderung, einen Bruch, einen Zusammenbruch, anzeigt: Adornos Konstruktion einer moralisch-politischen Öffentlichkeit der Bundesrepublik kollabierte. Das ist keineswegs seine Schuld. Die Differenziertheit seiner Antwort auf die Frage, was deutsch sei, ist nur ein weiterer Beweis für die hohe Kunst seines Denkens. Vielmehr wird man die Verantwortung für den Zusammenbruch einer Öffentlichkeit à la Adorno seinen Schülern sowie den Schülern dieser Schüler anrechnen müssen. Mit anderen Worten: Ein Buch wie das von Sarrazin kann nur erfolgreich sein in einer Zeit, in der der politische Diskurs, wie ihn die Intellektuellen an den Universitäten und in den Medien führen, sein argumentatives Überzeugungsprofil verloren hat. Was Peter Sloterdijk bereits 1999 diagnostizierte, nämlich dass die »Kritische Theorie tot« sei, gilt leider für unsere Zeit erst recht.

Doch anders als Sloterdijk bin ich der Ansicht, dass Adorno für diesen Tod nicht zur Verantwortung zu ziehen ist. Im Gegenteil, eine Relektüre der »Stichworte« von 1969, besonders aber des Textes »Auf die Frage: Was ist deutsch« sowie der beiden ihn einrahmenden Aufsätze, kann zeigen, was den aktuellen Repräsentanten einer kritischen und aufgeklärten Öffentlichkeit abgeht, was ihnen in den letzten drei Jahrzehnten abstarb. Dass nun das, was Adorno vielleicht als »Neo-Barbarei«[7] bezeichnet hätte, wie ein Schwarm von dunklen Vögeln über die deutsche, ja europäische Öffentlichkeit hereinbrechen kann und die Diskussionsherrschaft beansprucht, ist nur die Konsequenz eines Versäumnisses, das noch jetzt, wo die intellektuelle Erstarrung überdeutlich geworden ist, kaum eingestanden wird.

Adornos Deutschland

Was ist deutsch? – Adorno will die Frage »reflektieren«. Der Begriff der Reflexion ist für Adorno zentral. Er hat darauf bestanden, dass Philosophen reflektieren müssen, ja, Denken heißt überhaupt Reflektieren. Dabei meint der Begriff weniger den bloß formalen Vollzug, sich noch einmal zu überlegen, was man sich gerade überlegt. Die reflexive Denkbewegung kommt vielmehr von selbst dazu, das Gedachte zu differenzieren. Sie verhält sich kritisch zu sich selbst. Reflexion und Kritik hängen zusammen.

Das geht über die Klärung des semantischen Gehalts von Aussagen hinaus. Reflexion ist für Adorno Denk-Ehrlichkeit. Stets reflektiert ein Selbst sich selbst angesichts des Anderen. Der Kritiker hat sich über den Ast zu unterrichten, an dem er sägt. Das hat Adorno recht weit getrieben. Für ihn hatte z. B. der Universitätslehrer den Zustand der Institution, die ihn ja immerhin nährte, widerständig zu durchleuchten. Kritik wird dann unvermeidbar Selbstkritik. Kein Ort der Kritik, der nicht ihr selbst ausgesetzt ist. Sie legitimiert sich einzig und allein reflexiv. Philosophie ist in weiten Teilen gar nichts anderes als das.

Doch es gibt gewiss noch einen anderen Grund für Adornos nicht unironische Bemerkung, dass »zuvor« »über die Frage selbst zu reflektieren«[8] sei. Insofern die Reflexion eine Tätigkeit des Intellekts und Intellektuellen ist, wurde die Tätigkeit zur Zeit des »Dritten Reichs« als undeutsch und d. h. als »jüdisch«[9] betrachtet. Adorno war sich von Anfang an bewusst, dass ein Pochen auf der Reflexion viele Deutsche störte. Noch heute klingt das Wort nach Untätigkeit, nach überflüssiger Vorsicht, nach Zögerlichkeit. »Kritische Selbstbesinnung« hatte damals, zwanzig Jahre nach dem Kriegsende, den Charakter der »Nestbeschmutzung«[10]. Nicht nur die »Äußerung unbequemer Gedanken, sondern diese selbst« sollten verhindert werden. Welcher Deutsche kritisierte das Deutschsein? Auf Defätismus stand im Krieg die Todesstrafe – Nibelungen sind treu.

Resultat der Reflexion war eine Kritik der Frage. Die »Bildung nationaler Kollektive« gehorche einem »verdinglichenden, zur Erfahrung nicht recht fähigen Bewußtsein«. Sie halte sich »innerhalb jener Stereotypen, die vom Denken gerade aufzulösen wären«. Das »Wahre und Bessere in jedem Volk« sei »wohl vielmehr, was dem Kollektivsubjekt *nicht* sich« einfüge, »womöglich ihm widerstehe«.[11] »Stereotypenbildung« fördere den »kollektiven Narzissmus«, vor allem dann, wenn die Stereotypen von der

Überlegenheit des Eigenen über das Andere erzählen.

Ein der Erfahrung zugängliches Bewusstsein bewege sich nicht in kollektiven Zuschreibungen wie denen, dass die Deutschen pünktlich, sauber und redlich seien. Abgesehen von der Ambivalenz solch »deutscher Tugenden«, die vor kurzem noch besonders im Fußball gefeiert wurden[12], wird die konkrete Praxis der Gemeinsamkeit durch eine Vielheit von Charakteren geprägt, die sich nur unter Preisgabe ihrer Individualität auf eine solche Identität festlegen ließen. Das Leben mit einem Anderen, das ich erfahre, erfahren muss, kristallisiert sich nicht in einer wie auch immer gearteten Nationalität. Mache ich aus meinem russischen Freund *den Russen*, habe ich das, was uns verbindet, schon aus den Augen verloren. Das bedeutet jedoch keineswegs, dass ich das potenziell Russische im Charakter dieses Freundes übersehe oder gar leugne.

Doch obwohl Adorno mit dieser Reflexion der Frage, was deutsch sei, ihre Legitimität abzusprechen scheint, nimmt er eine Definition des Deutschen auf, von der nun alle seine Erklärungen ausgehen. Die Bereitschaft dazu ist allerdings überaus wichtig. Sie bezeugt, dass Adorno der politischen Möglichkeit, in der deutschen Geschichte mehr zu sehen als nur eine Katastrophe, nicht ausgewichen ist. Richard Wagner war es nämlich, der feststellte: »deutsch sein heißt, eine Sache um ihrer selbst willen tun«.[13]

Kein Zufall, dass Adorno gerade Wagners berühmten Satz wählte. Wagners Welt ragte in seine Kindheit hinein. Mit ihr ist der Philosoph aufgewachsen. Zugleich galt Wagner weithin als ein Repräsentant jenes Deutschland, das man hinter sich lassen wollte.

Adorno unterscheidet zunächst zwischen dem »imperialistischen Oberton, der den reinen Willen der Deutschen dem vorgeblichen Krämergeist zumal der Angelsachsen« entgegensetzt und dem »Richtigen«, »daß das Tauschverhältnis, die Ausbreitung des Warencharakters über alle Sphären, auch die des Geistes«, »in Deutschland nicht so weit gediehen war wie in den kapitalistisch fortgeschritteneren Ländern«. Das habe »zumindest der geistigen Produktion einige Resistenzkraft« verliehen.

Wagner hatte in seinem Aufsatz »Deutsche Kunst und deutsche Politik« von 1868 in typischer Diktion geschrieben, dass es »hier«, in den an den Griechen anknüpfenden Dramen Schillers, »zum Bewußtsein« gekommen sei und »seinen bestimmten Ausdruck, was *Deutsch* sei«, erhalten habe, »nämlich: die Sache die man treibt, um ihrer selbst willen und der Freude an ihr willen treiben«.[14] Davon müsse man das »Nützlichkeitswesen, d. h. das Prinzip, nach welchem eine Sache des außerhalb liegenden persönlichen Zweckes wegen betrieben« werde, unterscheiden. Das sei »undeutsch«. Diese »Tugend des Deutschen« falle daher »mit dem durch sie erkannten höchsten Prinzipe der Ästhetik zusammen, nach welchem nur das Zwecklose schön« sei.

Wagner ging es um den »deutschen Geist«[15], insofern dieser sich in einer politisch-ästhetischen Koalition manifestieren sollte. Er, der gerade mithilfe Ludwigs II. die »Meistersinger« in München uraufgeführt hatte, war ständig auf großzügige finanzielle Unterstützungen angewiesen, um seine Projekte, zum Beispiel den »Ring des Nibelungen«, realisieren zu können. Ludwig II. war ein wichtiger Partner. Wagner lebte damals noch mit Cosima von Bülow und ihren gemeinsamen Kindern in Tribschen bei Luzern. Im April desselben Jahres stellte sich dort ein gewisser Friedrich Nietzsche vor; Ereignis einer deutschen Geistesgeschichte, die in der Begegnung zwischen Wagner und Nietzsche explosiv wird.

Wagner suchte eine metaphysische Bestimmung: Die Deutschen – das Volk der Kunst. Adorno dreht den Gedanken zunächst in eine soziologische Richtung. Er setzt dem »nach den Marktgesetzen handelnden Unternehmer« den »seine Pflicht gegenüber der Obrigkeit erfüllenden Beamten« entgegen. Kant und Fichte kämen dem zweiten Charakter recht nahe. Der Beamte – er dient der Sache um ihrer selbst willen. Der Zweck ist ihm zweitrangig. Die Pflicht gebietet, koste es, was es wolle.

Allerdings hat die Bestimmung, dass die Deutschen vor allem das tun, was seinen Sinn in sich selbst hat und nicht etwa im Geld, bei Wagner einen unverkennbar antisemitischen Ton. In einem anderen Aufsatz mit der Überschrift »Was ist deutsch?«, drei Jahre vor »Deutsche Kunst und deutsche Politik« entstanden, kommt das zum Vorschein. »Der Jude« scheine »den Völkern des neueren Europa's überall zeigen zu sollen, wo es einen Vortheil gab, welchen jene unerkannt und unausgenutzt ließen«. Der »Pole und Ungar« habe »nicht den Werth« verstanden, »welchen eine volksthümliche Entwickelung der Gewerbethätigkeit und des Handels für das eigene Volk haben würde: der Jude zeigte es, indem er sich den verkannten Vortheil aneignete«. Für die Entstehung eines deutschen Selbstverständnisses, sich für das Volk des Selbstzwecks zu halten, ist diese Deutung des Judentums nicht unwichtig. Man wollte auf jeden Fall so nicht sein, wie man sich die Juden dachte.[16]

Es ist nicht viel Phantasie nötig, um in der Vergötzung der Pflicht, in dieser bürokratischen Zentral-Disposition, das Deutsche par excellence wiederzuerkennen – auch dann, wenn dieses Bild karikaturhafte Züge aufweist. Der Deutsche – der Büro-, der Technokrat. Eine solche Zuschreibung, die den Deutschen zu einem emotionalen Krüppel erklärt, hat ihre Ursache. Sie führt unmittelbar zurück auf das, was Adorno in Auschwitz erkannte. Lässt sich Pflicht nicht verstehen ohne einen beabsichtigten Mangel an Empathie, so ist »Kälte« ein »Grundprinzip der bürgerlichen Subjektivität, ohne das Auschwitz nicht möglich gewesen wäre«.[17] Dass Ruhe und Ordnung die erste Pflicht des Bürgers sei, ist für deutsche Ohren eine Selbstverständlichkeit. In ihr kehrt die Abneigung gegen Reflexion und vor allem Kritik wieder.

Auschwitz – Modell für die Kälte der Technokratie. Technokratie braucht Technokraten. Bei dem »Typus, der zur Fetischisierung der Technik« neige, handele es sich um »Menschen, die nicht lieben können«.[18] In der Kälte, die ihnen bereits als Kind von ihren Eltern entgegengebracht wurde, haben sie das Lieben verlernt. »Jeder Mensch heute, ohne jede Ausnahme, fühlt sich zuwenig geliebt, weil jeder zuwenig lieben kann.« Das wird sich auch nach einem halben Jahrhundert nicht geändert haben. Lieblosigkeit ist universal, hat in Deutschland aber eine besondere Tradition. Deshalb sollte, was in Auschwitz geschah, ex negativo ein Appell an die »Liebesfähigkeit« sein. Noch in den Experimenten der »freien Liebe«, die, bestärkt vom »Make Love, not War« der Hippies, vom Ende der sechziger Jahre ins orangene nächste Jahrzehnt gelangten, war ein Einfluss von Adornos Diskurs über die bürgerliche Unfähigkeit zu lieben spürbar.

In den *Stichworten* gehen dem Aufsatz über die Frage »Was ist deutsch?« diese Überlegungen zur Liebe in der »Erziehung nach Auschwitz« voran. Adorno meint, dass der »Völkermord« »seine Wurzel in jener Resurrektion des angriffslustigen Nationalismus« gehabt habe, »die seit dem Ende des neunzehnten Jahrhunderts in vielen Ländern sich zutrug«.[19] Richtig ist, dass eine Spielart des Antisemitismus sich an der jüdischen Diaspora erhitzte. Nationalisten waren und sind Menschen suspekt, die über keine Nation verfügen. Wichtiger aber ist noch, dass sich mit solchen Genealogien ein jeder in der deutschen Öffentlichkeit sich meldende Nationalismus mit Auschwitz, mit dem, wofür der Name stand, verknüpfen ließ.

Keine Frage, dass Adorno sich – wie kann es anders sein – persönlich von der Shoah betroffen fühlte. Er hat selbst einmal in einer Vorlesung das Trauma der Überlebenden beschrieben. »Ob man nach Auschwitz noch *leben* kann«, das ist seine, des Überlebenden, Frage. Er spricht dort von den »immer wiederkehrenden Träumen«, die ihn plagen und in denen er das Gefühl habe, »eigentlich gar nicht mehr selbst zu leben, sondern nur noch die Emanation des Wunsches irgendeines der Opfer von Auschwitz zu sein«.[20] Die Äußerung klingt dunkler als ihr Sinn, der evident ist. Adorno geht davon aus, dass der Wunsch eines der Opfer von Auschwitz nur der sein könne, »daß Auschwitz nicht sich wiederhole«.[21]

An gleicher Stelle erwähnt er das »Geblök des Einverständnisses« – eine Reaktion auf seine Bezugnahme auf Auschwitz –, dass es »doch nun sozusagen höchste Zeit« sei, »daß jemand, der so dächte wie ich, sich auch endlich umbrächte«. Was Adorno damit meinte, ob er auf ein konkretes biographisches Ereignis Bezug nimmt, ist mir unbekannt. Der Suizid als Reaktion auf das Überleben war wohl für viele, die nicht mit ihren Eltern und Geschwistern, ihren Geliebten, ihren Freunden starben, eine ständige Option. Paul Celan und Peter Szondi brachten sich 1970 und 1971 um, Jean Amery 1978, Primo Levi 1987.

Adorno hat den Wunsch, dass »Auschwitz nicht sich wiederhole«, sehr ernstgenommen. Er hat an vielen Stellen seines Werkes darauf hingewiesen, dass ein Denken, das Auschwitz ignorierte, gar kein Denken mehr genannt werden könne.[22] Auschwitz müsse *theoretisch* ins Denken aufgenommen werden, die Kategorien des Denkens *ab ovo* bestimmen. Die Shoah war für ihn gewiss eine Katastrophe der Praxis, doch darüber hinaus und wohl mehr noch Ausdruck eines Problems der instrumentellen Rationalität schlechthin. Der Anspruch, dass Auschwitz sich nicht wiederholen solle, berührt jede Faser des Denkens. Daraus entsprang die »Negative Dialektik«, der Versuch, das »Nicht-Identische« zum Zentrum des Philosophierens zu machen. Dieses späte Projekt ist auch heute noch eine philosophische Herausforderung.

Adornos Interpretation von Auschwitz prägte die Diskussionskultur der deutschen Öffentlichkeit. Spätestens in der zweiten Hälfte der siebziger Jahre wurde Auschwitz zum Kern der moralisch-politischen Organisation des öffentlichen Identitäts-Diskurses. Ein Gedicht wie Celans »Todesfuge« wurde zum obligatorischen Gegenstand des Schulunterrichts. Das lag nicht in Celans Absicht, doch der Effekt war, dass die Shoah für den deutschen Schüler und die deutsche Schülerin zu einem absoluten Kriterium ihres Verhältnisses zu Deutschland wurde. Alles, was nach Nationalismus oder auch nur Patriotismus klang, wurde abgelehnt und unschädlich gemacht.

Dieser Vorgang war keine Indoktrination. Die Ansicht, dass es nichts Böseres als die Technokratie von Auschwitz geben kann, wurde habitualisiert. Das Verhältnis zum Geschehenen konnte kein rein intellektuelles sein. Es ging darum, dem Schrecken auch auf einer vorprädikativen Ebene nahezukommen. Auschwitz sollte in einer »metaphysischen Erfahrung«[23] vergegenwärtigt werden. Der Begriff ist so unmöglich wie die Vergegenwärtigung. Und doch verbindet uns nicht nur der Verstand mit den Ereignissen, von denen her wir uns verstehen. Ja, ich vermag mich sogar von einem Ereignis her verstehen, dem ich in keiner Hinsicht beiwohnte. Es gibt ein »Organ der Erfahrung«, das uns mit dem Leben und seiner Lebendigkeit sowie mit seiner Vernichtung anders als nur empirisch verbindet. Mag sein, dass mit dieser Erfahrung eine proto-religiöse Offenheit für das Numinose berührt wird.

Die »Welt, in der Auschwitz möglich war«, könne »nicht mehr dieselbe Welt sein, als sie es vorher gewesen« sei. Diesem Bruch, diesem Riss, haben sich nach dem Krieg die meisten Deutschen entzogen. Die Trauer galt, wenn überhaupt, den eigenen Opfern, nicht den Toten, die man selbst zu verantworten hatte. Sie waren erfahrungslos. Adorno wusste demnach, dass die Erfahrung des Bruches im Denken einer pädagogischen Sensibilisierung des Bewusstseins bedurfte. Noch heute ist wahr, dass Auschwitz auf jene metaphysische Art und Weise erfahren werden muss. Mit der Haltung einer nur argumentierenden Vernunft kommt man an den Welt-Bruch nicht heran. Wer nicht fühlen will, wird nicht hören.

Übrigens reservierte Adorno diese Erfahrung nicht für Auschwitz. Sie bezieht sich auf das Leiden der Menschen unter den Bedingungen der modernen Gesellschaft überhaupt. Es ist eine Erfahrung, die sich den Menschen und dem Menschlichen öffnet. Selbst wenn Auschwitz für Adorno ein singuläres Ereignis darstellt, verweist es auf das Leid, das Menschen Menschen antun. Das nimmt dem Verbrechen keineswegs seine deutsche Signatur.

—

Auschwitz – das finstere Herz des deutschen Selbstverhältnisses, seiner Öffentlichkeit wohl bis heute. Der Historikerstreit in den achtziger Jahren hat Adornos Entscheidung bestätigt. Habermas agierte in diesem Streit im Geiste seines Vorgängers. Die Shoah spielte in der Gründungserzählung der Bundesrepublik eine zentrale Rolle. Es ging darum, die universale Bedeutung des Ereignisses mit dem singulären, technokratischen Charakter des Verbrechens zu verknüpfen. Das bundesdeutsche Bewusstsein, nicht nur aus einem Krieg, sondern auch aus einem Massenmord hervorgegangen, bezog sich auf den nationalen Charakter dieses Mordes. Von ihm her empfing es sein unverwechselbares Profil. Deshalb verband sich die Abwehr des Antisemitismus in Deutschland nicht nur mit dem universalen Befund, dass Rassismus die Menschenwürde verletzt. Er wurde stets mit dem spezifisch deutschen Verbrechen verknüpft. Wenn heute die Shoah zu einem Massenmord unter vielen gemacht werden soll, dann mit der Absicht, die deutsche Geschichte von diesem deutschen Verbrechen zu reinigen. Man soll wieder unbeschwert deutsch sein können …

Es war natürlich nicht nur Adorno, der die historische und identitätsmäßige Bedeutung von Auschwitz betonte. Karl Jaspers hatte schon 1946 die »Schuldfrage« thematisiert. Für ihn gibt es eine »moralische Kollektivschuld«. »Weil wir die Kollektivschuld fühlen, fühlen wir die ganze Aufgabe der Wiedererneuerung des Menschseins aus dem Ursprung«.[24] Das sei eine »Aufgabe, die alle Menschen auf der Erde« hätten, »die aber dringender, fühlbarer […] dort auftrete, wo ein Volk durch eigene Schuld vor dem Nichts« stehe. Ob eine solche

»Kollektivschuld« jemals gefühlt wurde? Vor dem Nichts zu stehen, war gewiss eine kollektivere Erfahrung.

Auch Hannah Arendt pochte auf den Zusammenbruch historischer Kontinuitäten.[25] Doch ihre These von der »Banalität des Bösen«, die 1963 in ihrem philosophischen Bericht »Eichmann in Jerusalem« erschien, wurde eher in New York als in Deutschland diskutiert. Arendts These kam Adornos Denken insofern nahe, als beide bestimmte psycho-soziale Dispositionen für die Shoah verantwortlich machten. Adorno formulierte jedoch anders als Arendt ein unmittelbar pädagogisches Interesse. Auch wenn er – wie Arendt, die Adorno nicht mochte, während Adorno sie nicht schätzte – Auschwitz ätiologisch keineswegs mit dem deutschen Nationalcharakter verknüpfte, nutzte er seine Anwesenheit in Frankfurt dazu, eine deutsche Nicht-Identität zu begründen.

—

Wagner hatte den deutschen Nationalcharakter in seinem authentischen Verhältnis zur Zwecklosigkeit angelegt. Ein anderer Urdeutscher hatte die Umkehrung vollzogen und die Deutschen genau des Gegenteils bezichtigt. Im »Hyperion« schreibt Hölderlin: »Barbaren von alters her, durch Fleiß und Wissenschaft und selbst durch Religion barbarischer geworden, tiefunfähig jedes göttlichen Gefühls, verdorben bis ins Mark zum Glük der heiligen Grazien, in jedem Grad der Übertreibung und der Ärmlichkeit belaidigend für jede gutgeartetete Seele, dumpf und harmonielos, wie die Scherben eines weggeworfenen Gefäßes – das, mein Bellarmin! waren meine Tröster.«[26] Hyperion, nach verlorenen Schlachten für die Freiheit aus Griechenland nach Deutschland geflohen, begegnet einem Volk, »fühllos« »für alles schöne Leben«.[27] In der Tat, die Erwartungen, die er hat, sind hoch: Enthusiastisch sollen sie sein, die Deutschen. Poetische Sensibilität sollen sie zeigen …

Im Anschluss an Schiller und Goethe hatte Wagner in den Deutschen das Brudervolk zu den antiken Griechen erkannt, im »Hyperion« entzieht sich Hölderlin dieser seit Winckelmann in Literatur, Philosophie und Kunst typisch deutschen Selbstauslegung. Aber an anderen Stellen hat der Dichter andere Worte für die Deutschen gefunden. Nicht zufällig hat Heidegger sich in seiner einseitigen Apotheose der Deutschen am Dichter angelehnt.

Keine Frage, weder Hölderlins noch Wagners (noch Heideggers) Deutsche geben ein realistisches Bild der Deutschen ab. Das bedeutet nicht, dass ihre Zuschreibungen unbrauchbar sind. Adorno denkt dialektisch. Demnach wäre es gerade deutsch, die Alternative von Zweck und Zwecklosigkeit auf die Spitze zu treiben. Im Extrem wird beides ohnehin ununterscheidbar. Dort der Beamte, der sich in seiner Pflicht zwar frag- und rücksichtslos ans Geschriebene hält, doch mit seiner Tätigkeit die Staatsmacht preist, hier der Dichter, der sein Leben lässt, um mit seinem Werk die Welt aus den Angeln zu heben.

Eben das erkennt Adorno in den »großen deutschen Konzeptionen, in denen die Autonomie, das reine Um seiner selbst willen, so überschwänglich verherrlicht«[28] werde. Sie waren nämlich »durchweg auch zur Vergottung des Staates bereit«. Für Adorno ist es nur eine geringe Drehung, dass aus der Verabsolutierung des Zwecklosen im Singulären eine Verabsolutierung des »Kollektivinteresses« werden kann. Geschichte erweise »sich daran, bis heute, als Schuldzusammenhang, daß die höchsten Produktivkräfte, die obersten Manifestationen des Geistes verschworen sind mit dem Schlimmsten«. Noch »dem Um seiner selbst willen ist, im unerbittlich integern Mangel an Rücksicht auf den anderen, auch Inhumanität nicht fremd«. Kein Wunder, wo die Philosophie und die Dichtung geradewegs zur Selbstauslöschung des Philosophen und Dichters selbst aufruft, wo also das Opfer gefordert wird, kann kaum Empathie für die erwartet werden, die ihr Leben vorzüglich nach Zwecken einrichten: »Da menschenwesen sich nur dort erhält / Wo sich das dunkle opfer wiederholt«[29], heißt es in Georges »Stern des Bundes«, einer einzigartigen Dichtung deutscher Sprache.

Adorno hält fest: »Wenn man etwas als spezifisch deutsch vermuten darf, dann ist es dies Ineinander des Großartigen, in keiner konventionell gesetzten Grenze sich Bescheidenden, mit dem Monströsen.«[30] Diese definitorische Vermutung ist entscheidend. Adorno ist dem Gedanken, dass dem Deutschen ein Charakter eingeschrieben werden kann oder immer schon eingeschrieben ist, nicht abgeneigt. Doch er betont eine Ambivalenz, die auf seinen pädagogischen Plan verweist. Weil bei den Deutschen das Große sich mit dem Monströsen vermischt, muss es pädagogisch gezähmt, muss es gleichsam zivilisiert werden.

Beispiele für dieses Ineinanderumschlagen von Größe und Monstrosität gibt es noch aus der jüngsten Vergangenheit. Ich denke an die Leistungen des inzwischen nur noch »Mannschaft« genannten Fußballteams. Das 7 : 1 gegen und in Brasilien bei der Weltmeisterschaft von 2014 verursachte bei den Deutschen gerade deshalb eine ungewöhnliche Euphorie, weil das Ergebnis und seine Entstehung unvergleichbar waren. Gewiss wäre es phantastisch gewesen, das brasilianische Team überhaupt zu schlagen. Das 7 : 1 jedoch war ein Ereignis nationaler Selbstberauschung. Die Deutschen – brasilianischer noch als Brasilien selbst. Das exotisierte Vorbild einer ganz undeutschen Fußball- und Lebenslust wurde annektiert. Übrigens gehört immer noch das kollektiv ausgestoßene deutsche »Sieg!« zu den Äußerungen, die einem im Einfluss Adornoscher Pädagogik Aufgewachsenen suspekt sein müssen. Andererseits kanalisiert der Sport Motivationen, die vielleicht anders verwirklicht unangenehmere Konsequenzen hätten.

Doch diese Haltung, dass Exzellenz eine gleichsam natürliche Eigenschaft der Deutschen ist, findet sich keineswegs nur im Fußball. Die ökonomische Macht, die Deutschland im europäischen Kontext darstellt, wird als Selbstverständlichkeit registriert. Technische und ingenieursmäßige Spitzenleistungen gelten als Standard. Misserfolg ist ein Zustand, der dem deutschen Bewusstsein als solchem widerspricht. Das gibt dem Erfolg einen monströsen Zug.

Adorno dachte keineswegs an Fußball, wenn er schrieb: »Das Absolute schlug um ins absolute Entsetzen.« Die Idee des Absoluten, die schnell zum Ideal wird, um alles, was sich im Relativen, auch in den menschlichen Relationen, bewegt, zu affizieren, wird von Adorno mentalitätsgeschichtlich ausgelegt. Ohne den »deutschen Ernst, der vom Pathos des Absoluten herrührt und ohne den das Beste nicht wäre, hätte Hitler nicht gedeihen können«. Womöglich wirkt Hitler aus einen Amerikaner komisch. Mir schienen die, die Hitler für eine lächerliche Figur halten, stets das aus irgendeinem Grunde nicht zu akzeptierende Todernste in dieser Erscheinung kompensieren zu müssen. Hitlers Anwesenheit im aktuellen Deutschland spricht für eine Bedeutung, die tief ins kollektive Bewusstsein hineinreicht.

Adorno sieht also zwischen Hegel, dem Denker des Absoluten, Wagner und Hitler einen Zusammenhang. Es mag diese Sicht gewesen sein, die ihn auch zu einer im Grunde unversöhnlichen Gegenposition zu Heidegger brachte. In seiner Vorlesung »Ontologie und Dialektik« aus dem Winter 1960/61 beschäftigte er sich mit dessen Denken. »Immanente Kritik«[31] sollte der Weg sein, auf dem Adorno den ihn ignorierenden Kontrahenten treffen wollte. Doch er sagte es ganz offen, dass er die Studierenden »mit einer gewissen Widerstandskraft gegen jene immer noch weithin in Deutschland erscheinenden philosophischen Tendenzen« »impfen«[32] wollte. Er sträubte sich gegen die Vorstellung, dass Heideggers Denken die deutschen Universitäten hätte beherrschen können. Adornos philosophische Auseinandersetzung mit Heidegger wird daher von einem moralisch-politischen Kampf gegen die von ihm so empfundene »Gegenaufklärung«[33] überlagert.

—

Adornos Autotopographie ist ohne Amorbach nicht zu verstehen. Das achtzig Kilometer südöstlich von Frankfurt, »aber in Franken«[34] gelegene Städtchen ist der Ort des »zum erstenmal«[35], der Ort der Kindheit, die für ihn eine so große Rolle spielte. In Amorbach rage »die Vorwelt Siegfrieds« »in die Bilderwelt der Kindheit«[36] hinein. Überhaupt sei er »mit der Sphäre Richard Wagners« schon dort in Berührung gekommen.

Das Zum-ersten-Mal wird in der Erinnerung bewahrt. »Einzig an einem bestimmten Ort« lasse »die Erfahrung des Glücks sich machen, die des Unaustauschbaren, selbst wenn nachträglich sich« erweise, »daß es nicht einzig war«.[37] Die Kindheit ist Anfang auch der Glücks-Erfahrungen, die sich nicht auf die Kindheit beschränken. Adornos Kindheit, kein häufiger Fall, war glücklich.

Der Philosoph bezeichnet diese immense Erfahrung des Zum-ersten-Mal als »anachronistische Mitgift«[38]. Amorbach sei also schon damals in den ersten beiden Dekaden des 20. Jahrhunderts nicht auf der Höhe der Zeit gewesen. Dieses Moment, unterhalb der modernen Zeiten zu sein, bestimmt den Charakter einer jeden Kindheitserinnerung. Kindheit erscheint überhaupt so, als wäre sie aus der Zeit gefallen. Und ist Glück nicht eine andere Bestimmung dieser zeitvollen Unzeitlichkeit?

Amorbach – Frankfurt – New York – Los Angeles – Adorno weiß den Ort des Zum-ersten-Mal zu schätzen. Die Rückkehr aus dem Exil mag zuerst eine nach Amorbach gewesen sein. Doch schon dort, an diesem Ort, den er vielleicht absichtlich nicht als Heimat bezeichnet, habe er »das Gefühl der Internationale«[39] kennengelernt. Im weltoffenen Elternhaus verkehrten Gäste aus anderen Ländern.

Diese Erfahrung des Internationalen ist freilich entscheidend. Sie unterbricht das unmittelbare Verhältnis zum Eigenen, das so schnell in Enge und Abschluss umschlagen kann. Daher gibt es bei Adorno in Bezug auf Amorbach auch nicht die durchaus provokant gemeinte Heideggersche Apotheose der Provinz. Adorno hat sich vor der Feier der Heimat und der Klage der Heimatlosigkeit gehütet.

Und zwar aus folgendem Grund: Heimat und die mit ihr verbundene Betonung der Identität kann es nur als verlorene, ja, als unbekannte geben. Was immer es heißen mag, deutsch zu sein, es ist wie durch einen unsichtbaren Abgrund von mir getrennt. Ich beziehe mich auf das Deutsche, werde es aber niemals sein: nicht weil der Ruf nach welcher Identität oder Authentizität auch immer moralisch-politisch bedenklich sein mag, sondern weil jegliche Betonung der Identität einer Verdinglichung unterliegt, die Identität bis zu ihrer Unmöglichkeit verzerrt. Heimat ist kein Gegenstand, den ich besitzen kann, kein Objekt, das ich haben will.

Das gilt natürlich auch für die in der Provinz Gebliebenen, für die, die sich vermeintlich für die Provinz entschieden haben. Sie wohnen nicht in der Heimat, sind dem Verlust nicht entkommen. Die Entscheidung, in der Heimat bleiben zu wollen, setzt ihren Verlust voraus. Man greift nach etwas, das, sollte es existieren, schlechthin ungreifbar ist. Dann, als Erinnerung, lässt es sich vielleicht erfahren.

Daher ist Heideggers Vorliebe für die »Bodenständigkeit«[40] im Kern ein philosophischer Gedanke, der sich gegen die »totale Mobilmachung« (Ernst Jünger) wendet. Heidegger, der sich in der europäischen Philosophie und Poesie bewegte wie ein Fisch im Wasser, kannte wahrscheinlich eine echte Verbundenheit mit Todtnauberg und seiner Landschaft aus eigener Anschauung. Doch schon dass er sie als solche bemerkte, zeigt, wie prinzipiell diese Anschauung aus dem Angeschauten herausfiel. Dadurch, dass ich den Bauern vor seiner Scheune auf einer Bank sitzen sehe, wie er seine Pfeife raucht, dass ich den Duft des Heus rieche und die Abendkälte kommen fühle, bin ich noch nicht dieser Bauer selbst. Im Gegenteil …

Adorno hat Heideggers Provokation gegen die Großstadt, gegen »die Internationale« nur instinktiv verstanden, d. h. er hat wohl nicht damit gerechnet, dass ein Philosoph des 20. Jahrhunderts auf seine Provinzialität Wert legte. Die in vielen Hinsichten antimoderne Haltung Heideggers, die als solche ein Moment der abgelehnten Moderne ist, konnte Adorno in ihrer Performanz nur als »Ideologie«[41] verstehen. Vor allem der »Jargon der Eigentlichkeit«[42] bearbeitet das. Und wirklich steckt in der Idee, dass Heideggers Performanz einer Haltung ins Zentrum seines Denkens führt, ein philosophischer Zugang zum Problem. Heideggers Pathos der Provinz ist ein wichtiges Moment seines philosophischen Denkens.

Man kann in philosophischer Hinsicht in Vielem eine Nähe zwischen Adorno und Heidegger kaum bezweifeln. Das hat Adorno hier und da selber konzediert.[43] Doch diese Nähe ist nur zu verstehen, wenn man die moralisch-politische Ferne berücksichtigt, die sich im Blick auf Auschwitz zeigt. Hier bricht ein unversöhnlicher Antagonismus aus. Dass Adorno Auschwitz zur Mitte des deutschen Bewusstseins angesichts seiner moralisch-politischen Selbstverantwortung machen wollte, treibt einen Keil zwischen diese beiden Philosophen. Nach all dem, was wir aus den »Schwarzen Heften«, die nach 1945 entstanden sind, wissen, hätte Heidegger das nur als einen Verrat am besiegten Deutschland verstehen können. Gegenüber dem unsäglichen Mord an den Juden zeigte er sich – soweit wir es aus den schriftlichen Zeugnissen wissen – unfähig zur Trauer.[44]

Adornos Gedanken über Amorbach sind nirgendwo nostalgisch. Er will keineswegs zurückkehren. Unter Amorbachern zu leben, ist kein Traum. Vielmehr wird der Traum, unter sich selbst zu bleiben, nur mit sich selbst zu sprechen, zu arbeiten, zu handeln, augenblicklich zu einem Albtraum: Kultureller Inzest – sich zu imaginieren, was es hieße, in reinster Identität einzig mit seinesgleichen zu leben, ist gruselig. Wollte man vom Deutschen schon nur das abspalten, was es aus Athen und Rom empfangen hat, bliebe eine Absurdität übrig. Der lebendige Geist öffnet sich dem Anderen auch dann, wenn diese

Öffnung schmerzhaft ist. Seine Kraft besteht in solcher Offenheit.

—

Und doch ist Adorno nicht dabei stehengeblieben, die deutsche Nicht-Identität auf der Ambivalenz von Größe und Monstrosität aufzubauen. Die Autotopographie dieses Denkens, seine Inskription an verschiedenen Lebens-Orten des Denkers, geht von Amorbach über Frankfurt und Wien ins Exil nach New York und Los Angeles. Diese »amerikanische Erfahrung«[45] hat sich auf Adornos Denken und sein Verhältnis zu Deutschland ausgewirkt.

Zum Durchqueren der Volks-Geschichten gehört die narrative Lebens- und Denk-Bewegung von Ausfahrt und Rückkehr. Amorbach, Frankfurt, Deutschland, ja Europa zu verlassen, entfaltet zum Verlassenen ein Verhältnis, das ohnehin das einzig mögliche ist. So »verblendet das nützlichkeitsgebundene Lebensgefühl« der Amerikaner sein mag, so »verblendet« sei »auch der Glaube an eine Geisteskultur«, die »die Realität der Macht und ihrer Blindheit«[46] preisgebe. Der Einblick in die Verblendung auf beiden Seiten des Atlantiks fordert den Zwischen-Ort, d. h. den eigentümlichen Zustand des Exils.

Die Übersiedlung, die Flucht, in die USA bereits im Jahr 1937 und dann im Februar 1938 war Adorno naturgemäß nicht leichtgefallen. So spricht er von einem »Schock«[47], den er in Bezug auf gewisse amerikanische Phänomene erlitt. In Angelegenheiten der »Kulturindustrie«[48] konnte Adorno von diesem Land nur lernen. Die Vereinigten Staaten zeigten »den Kapitalismus gleichsam in vollkommener Reinheit, ohne vorkapitalistische Restbestände«.[49] Amerika – keineswegs nur ein anderes Europa, sondern ein Land, das den Europäer zu befremden vermochte.

Diese Befremdung hat sich vielleicht am unmittelbarsten in Adornos Interpretation des »Jazz« als »Pseudo-Individualisierung«[50] ausgesprochen. Als Schüler Alban Bergs, aufgewachsen in der Atmosphäre der großen europäischen Werke von Bach über Wagner und Debussy zu Strawinsky, war er kaum in der Lage, die kulturelle und künstlerische Bedeutung des Jazz zu verstehen. Das dürfte für den Blues noch viel mehr gegolten haben.

Doch die amerikanische Erfahrung äußerte sich keineswegs bloß als Schock. Amerika hat Adornos Verhältnis zu Deutschland verändert. Das Exil bot ihm die Möglichkeit, die eigene Herkunft, mithin die Provinz, von außen zu sehen. Der protestantische Theologe Paul Tillich habe, so Adorno, einmal gesagt, dass er »in Amerika erst entprovinzialisiert worden«[51] sei. Mehr noch: »In Amerika wurde ich von kulturgläubiger Naivetät befreit, erwarb die Fähigkeit, Kultur von außen zu sehen.« Diese Außensicht aber führte keineswegs zu einer unter deutschen Philosophen der damaligen Zeit häufig anzutreffenden Kulturfeindschaft.

Im Gegenteil. Adorno konnte lernen. Amerika war auch ein Ereignis der Befreiung. Wir würden »nicht dadurch freie Menschen, daß wir uns selbst, nach einer scheußlichen Phrase, als je Einzelne« verwirklichten, »sondern dadurch, daß wir aus uns herausgehen, zu anderen in Beziehung treten und in gewissem Sinn an sie uns aufgeben«.[52] Das ist es: das Gesetz der Ausfahrt, der Öffnung, der Preisgabe der eigenen Verstocktheit, der bloßen Identität zugunsten einer durch das Andere hindurchgegangenen Nicht-Identität. Als würde vor seinem inneren Auge das Bild des Provinzlers auftauchen, spricht er von einem »jemand, der nur, um mit sich selbst identisch zu sein – als ob diese Identität immer wünschbar wäre –, ein bösartiges, vermuffeltes Gesicht macht und einem von vornherein bedeutet, man sei für ihn eigentlich nicht vorhanden«.[53] Dieser Abschluss vor dem Anderen ist aber – bei noch so »vermuffeltem Gesicht« – im Prinzip unmöglich.

Adorno erfuhr in Amerika auch, was es heißt, demokratisch zu leben. »Wesentlicher« und »beglückender« sei »die Erfahrung des Substantiellen demokratischer Formen« gewesen. In den USA seien sie »ins Leben eingesickert«, »während sie zumindest in Deutschland nie mehr als formale Spielregeln waren«. Und dann: »Drüben lernte ich ein Potenzial realer Humanität kennen, das im alten Europa kaum vorfindlich ist.«[54] Adorno ist bereit, zu differenzieren. Gerade das Politische ist ihm im Exil in seiner demokratischen Lebendigkeit aufgegangen. Selber frei freien Menschen zu begegnen, in einer »Freundlichkeit«, die durchaus mit »egoistischem Interesse«[55] verbunden sein kann – das ist eine amerikanische Erfahrung.

Aber Amerika blieb das Exil. Gemäß einer »antiken Tradition«[56] kehrte Adorno als einer, der »von einer Tyrannis willkürlich« vertrieben wurde, nach »deren Sturz« zurück. Ihm, dem »gesellschaftlich Denkenden«, sei die »These, es läge an den Deutschen als Volk, recht fremd« geblieben. Die »Identifikation mit dem Vertrauten« habe nie aufgehört. Sie dürfe jedoch nicht zur »theoretischen Rechtfertigung für etwas mißbraucht« werden. Ein solches Etwas liegt für einen Deutschen auf der Hand. Im Sinne eines alten Antiamerikanismus gibt es eine Arroganz gegenüber einem »anderen Kontinent«, der »nichts als Eisschränke und Autos hervorgebracht«[57] habe.

Es scheint jedoch in der Bemerkung, dass die Entstehung und der Untergang des »Dritten Reichs« nichts mit den »Deutschen als Volk« zu tun habe, und Adornos Überlegungen zu dem deutschen Zusammenhang von Größe und Monstrosität ein Widerspruch zu liegen. Dieser Widerspruch lässt sich leicht auflösen. Adornos Äußerungen zur Frage, was deutsch sei, beziehen sich überall auf historische und soziologische Zuschreibungen. Der Philosoph bedient sich der Narration. Adorno – und das ist überaus wichtig – vermeidet nirgendwo die signifizierende Auszeichnung von verschiedenen Volks-

Geschichten. Die USA bieten ihm ein anderes Narrativ an als Deutschland. Was er natürlich überall verweigert, ist die gleichsam auf die Natur zurückgehende, mithin rassistische Klassifizierung der Völker. Ein Volk als bloßes Volk gibt es nicht.

Die Rückkehr, ihre Motivation, basiert auf einer ungebrochenen, doch vorsichtigen Identifikation mit dem Vertrauten. Maximal arglos betont Adorno, dass er dorthin zurückkehren wollte, wo er seine Kindheit verbracht habe. Durch sie sei sein »Spezifisches bis ins Innerste vermittelt«. Er wollte »spüren«, »daß, was man im Leben realisiert, wenig anderes« sei »als der Versuch, die Kindheit einzuholen«. Auch das erinnert an die Ausfahrt, die endlich zur Rückkehr wird, ohne freilich das Verlassene wieder restituieren zu können. Niemand wird mehr das Kind, das er einmal war. Diejenigen, die mit ihrer Kindheit anderes verbinden als Adorno, werden der These, das Besondere einer Person bilde sich in der Kindheit, womöglich weniger zustimmen.

»Heimweh«[58], Adorno leugnet es nicht. Doch zu diesem subjektiven Moment des Entschlusses zur Rückkehr trat noch »ein Objektives«: die deutsche Sprache. Sie habe »eine besondere Wahlverwandtschaft zur Philosophie, und zwar zu deren spekulativem Moment«. Adorno fügt sogleich hinzu, dass dieses »Moment« »im Westen so leicht als gefährlich unklar – keineswegs ohne allen Grund – beargwöhnt«[59] werde. Doch aus solchem Argwohn könne keine Restriktion oder gar Abschaffung abgeleitet werden. Im Gegenteil. Adorno bezeichnet die *differentia specifica* der deutschen Sprache als »metaphysischen Überschuß«.[60] Die deutsche Sprache sei »fähig dazu geworden, etwas an den Phänomenen auszudrücken, was in ihrem bloßen Sosein, ihrer Positivität und Gegebenheit nicht sich«[61] erschöpfe. Zur Stützung dieser Beobachtung erinnert Adorno an Hegels »Phänomenologie des Geistes« und »Wissenschaft der Logik«.

Die deutsche Sprache – auch Heidegger hat auf ihr besonderes Verhältnis zur Philosophie hingewiesen. Man hat das häufig doppelt kritisiert. Zum einen klingt eine Auszeichnung der deutschen Sprache zur Philosophie – manchmal flankiert mit einem Hinweis auf die philosophische Prägnanz des dem Deutschen verwandten Griechischen – chauvinistisch. Zumal im Verhältnis zu einer antiken Denk-Tradition wie der in China erscheint das Eigen-Lob des Deutschen außerdem dilettantisch – ein typischer Zug des Chauvinisten. Zum anderen wird gerade das, was Adorno als metaphysischen Überschuss bezeichnet, aus der Philosophie ausgestoßen. Rudolf Carnaps Kritik an Heidegger gilt in dieser Hinsicht als einschlägig.[62]

Der Unterschied zwischen Adorno und Heidegger liegt in einer nicht unwichtigen Nuance. Während Heidegger das Etymologische des Deutschen und Griechischen aufsucht, um an den Wurzeln der

Sprachen Sinn zu fassen, wurde für Adorno die deutsche Sprache durch Autoren wie Hegel erst gleichsam entdeckt. Sprache ist für Adorno gewordene Sprache, wenn nicht ein Gemachtes, so doch ein Verändertes.

Im Übrigen ist sich Adorno des problematischen Charakters der deutschen Sprache bewusst. Sie habe eine »Tiefe«[63], die nicht »unreflektiert zu bejahen« sei. Der problematische Charakter dieser Tiefe ähnelt dem des Deutschen überhaupt. Denn »in der Tradition war selbstgerechte deutsche Tiefe ruinös einig mit dem Leiden und mit dessen Rechtfertigung«. Auch habe man die Aufklärung als »flach verketzert«. Die Engführung von Größe und Monstrosität fordert ihre Opfer. In der deutschen Geschichte haben die Aufklärer, die Kritiker, die Dissidenten und die Defätisten keinen Platz. Wer monströs denkt, irrt sich nicht.

Doch gerade der Angriff auf die Aufklärung bildet einen Stachel, der die ganze Beschäftigung mit der Frage, was deutsch sei, beeinflusst. Das Deutsche bliebe zu sehr im Eigenen stecken, würde es sich in den narrativen Zuschreibungen einer schmerzhaften Ambivalenz der Topographie von Amorbach und Auschwitz erschöpfen. Hatte nicht die amerikanische Erfahrung gezeigt, was ein demokratisches Leben sein kann? Die Aufklärung ist nicht bloß ein Sediment der deutschen Philosophie-Geschichte. Ihre Austreibung aus dem Zuschreibungsspektrum dessen, was das Deutsche sei, würde diesem seine Offenheit zum Menschlichen, Menschheitlichen, rauben.

»In der Treue zur Idee, daß, wie es ist, nicht das letzte sein solle« – das Eigene, auch im unvermeidbaren Zustand des Verlusts, kann niemals das Letzte sein. Was deutsch ist, unterscheidet sich nicht nur von dem, was amerikanisch oder was auch immer ist. Sowohl das Deutsche als auch das Amerikanische unterscheiden sich von etwas Anderem, das unbedingt in jede Volks-Geschichte hineinragen muss. Der Begriff des Deutschen müsse »noch behaupten«, dass er sich »im Übergang zur Menschheit« befinde. Und er kann das nur behaupten, weil jede historische Bestimmtheit eines Volkes sich im Licht einer Transzendenz befindet, die über diese Bestimmtheit hinausgeht.

Das, was die Flucht ins Exil überhaupt erst ermöglicht, ist nicht nur die andere Geschichte als die Geschichte der Anderen. Wer sich nach Amerika aufmacht, begegnet nicht nur Amerikanern. Gewiss, sowenig es Menschen gibt im Sinne einer Abstraktion von allen faktischen Momenten dessen, was es nun einmal heißt, als Mensch zu leben, so gibt es doch die Möglichkeit, in den faktischen Momenten des Lebens ein weiteres Moment zu erfahren, das uns des bloß Faktischen enthebt. Der Andere erscheint mir nie nur als Deutscher, Amerikaner etc., sondern immer auch als – Mensch. Das Potenzial realer Humanität, das Adorno in Amerika erfuhr, ist überall zu erfahren, wo Menschen sind.

»Im Übergang zur Menschheit« zu sein, ist für Adorno ohne Zweifel eine notwendige Zuschreibung fürs Deutsche. Denn allein in diesem Übergang kann der Anspruch von Reflexion und Kritik verstanden werden und sich erfüllen. Wenn Aufklärung heißt, sich von den historischen Determinanten des Denkens und Lebens zu befreien, dann muss jedes Bewusstsein – wie auch immer national codiert durch Sprache und Geschichte – zur Aufklärung tendieren.

Freilich – Adorno spricht davon, dass es nicht, wie es ist, bleiben solle. Das weist darauf hin, dass er keineswegs der Ansicht war, dass deutsch zu sein schon bedeutete, sich auf dem Wege zur Menschheit zu befinden. Die kritische Motivation seines Denkens bezieht aus dieser Negativität ihre Kraft. In ihrer Ambivalenz von Größe und Monstrosität waren die Deutschen alles andere als aufgeklärt, das Potenzial realer Humanität war vielleicht wirklich eher der amerikanischen Erfahrung vorbehalten. War nicht immer schon mehr die Abschottung von der Menschheit Signum deutscher Existenz? Ist Deutschland nicht immer noch ein riesiger Acker sich voneinander abwendender Provinzen? Mag sein. Doch es bleibt unbezweifelbar, dass es eine bloße Provinzialität so wenig gibt wie ein vollkommen aufgeklärtes Bewusstsein. Mensch sein heißt wahrscheinlich, sich im Nicht-mehr des einen und im Noch-nicht des anderen zu orientieren. Darin zu leben, bliebe für die Deutschen besonders darum eine Aufgabe, weil sie es immer noch nicht verstanden haben.

Als Adorno 1949 zum ersten Mal wieder nach Deutschland kam, schrieb er an Thomas Mann, dass man sich »ja nicht darüber täuschen« dürfe, »daß die kollektive Energie der Deutschen wirklich in einem Maße wie nie zuvor in das faschistische Unternehmen eingegangen war«. Was davon übrig blieb, schiene »im metaphysischen Sinn kaum weniger ein Trümmerfeld als im physischen«. Er zitiert den »abscheulichen Spengler«, der »das Heraufkommen des neuen Höhlenbewohners« prophezeit habe. Gegen das aktuelle Deutschland habe der »kalifornische Standort« »geradezu den Vorzug des Realeren«. Und er resümiert: »Mit anderen Worten, man ist nirgends mehr zu Hause«. Doch darüber solle »der, dessen Geschäft die Entmythologisierung« sei, »nicht allzu sehr sich beklagen«.[64] Nirgendwo mehr zu Hause zu sein, ist aber die einzige Weise, in der ein Zuhause möglich ist. Erst der Verlust des Hauses lässt zurückgewinnen, was im unberührten Bestand des Hauses unbekannt bleibt: Offenheit für den Anderen.

—

Adornos Deutschland ist eines, das sich aus seiner Geschichte und seinen Geschichten ergibt. Es ist ein

Deutschland, das sich kritisch mit sich selbst beschäftigt, ohne seine Geschichte zu vereinseitigen. Das Erstaunliche an Adornos Blick ist, dass er, der die Shoah zur Mitte des moralisch-politischen Bewusstseins nicht nur, aber insbesondere der Deutschen erklärte, die Kontinuität auch mit den vermeintlich konservativen Figuren aus Philosophie und Kunst gewahrt hat. Hölderlin, George[65], Wagner und Heidegger sind Namen, die an Adornos philosophischem Horizont immer wieder auftauchen.

Die Identifikationsmöglichkeiten mit einem solchen kritisch-reflexiv gewendeten Deutschland waren und sind heute noch vielseitig und intensiv. Ich möchte von einem metaphysischen Verständnis des Deutschen sprechen, jedenfalls von einem Deutschen, das sich in erster Linie auf die von Adorno selbst so genannte »metaphysische Erfahrung« bezieht. Um dabei Missverständnisse zu vermeiden, ist die spezifische, durch die »Negative Dialektik« gebildete Rationalität dieses Denkens zu betonen. Ich möchte sie als eine *narrative Rationalität* bezeichnen.

Das Narrative in solch einer Rationalität besteht darin, dass Adorno sich nicht veranlasst sieht, die mithin auch biographischen Momente seiner Denkmotive und -modelle zu verleugnen. Das mag auch mit seinem Interesse für Marx und Freud zusammenhängen. Das Subjekt und das Subjektive sollen aus diesem Denken weder auf das Transzendentale reduziert noch als bloß Subjektives verdrängt werden. Die Anwesenheit des Subjekts und seiner Erfahrungen kann aber nur narrativ eingefangen werden.

Die Kritik und die Reflexion, die Kraft des Arguments, gewinnen ihre Bedeutung nur in der Berührung mit dem, was das Subjekt in der von der Geschichte gezeichneten Welt erfahren hat. Aus dieser ganz basalen Haltung des Denkens ergibt sich auch Adornos Interesse an Musik und Kunst. Gerade hier kann einzig und allein subjektive Erfahrung der erste Schritt sein. Keine Frage: Adorno war stets äußerst zurückhaltend gegenüber jeder Behauptung von Unmittelbarkeit. Im Grunde ist sie nach Adorno dem Philosophen nur über die Vermittlung des Begriffs zugänglich. Eine Reduktion der Philosophie auf den Begriff wäre ihm aber nicht in den Sinn gekommen. Wie für Hegel und Marx steht die Erfahrung am Anfang des Denkens.

In seiner streitlustigen Auslegung von Heideggers Denken in der Vorlesung »Ontologie und Dialektik« kritisiert er die »Philosophie von Husserl bis Heidegger« als eine, die »tödlich« zittere, »sich die Hände schmutzig zu machen«.[66] Mit anderen Worten: In der Phänomenologie, die Husserl begründet und Heidegger allerdings mit gänzlich anderen Mitteln fortgesetzt hatte, gebe es keinen Gegenstand, keinen Stoff, der in seiner nackten Ausgesetztheit an das Banale dieser Welt, in seinen manchmal trivialen Zuständen, ohne philosophische Be- und Überarbeitung, ernstgenommen werde. Die Welt der Lohnarbeit, des Betriebs, des kleinen und großen Unrechts, der sexuellen Bedürftigkeit etc. – diese Welt ist eine, in der man sich in der Tat die Hände schmutzig machen muss.

Adornos Philosophie ist ein Denken, das sich die Hände schmutzig macht. Bei aller Sensibilität, die dieses Denken manchmal zu früh in die Nähe der großen Kunstwerke und Dichtungen treibt, bei all seiner Liebe zur Avantgarde, zu den Ansprüchen der Moderne auch im Philosophieren, hat er sich dem Reichtum der Erfahrungen offen gehalten. Die Einbeziehung dieses Reichtums ins Denken hat jedoch bei Adorno nicht wie bei Hegel einen systematisch-absoluten, sondern einen narrativ-subjektiven Anspruch. Es geht um den Menschen – der zu sich und den Anderen in den schlechtesten und besten Augenblicken geht. Dass dies nicht vom Denken ausgeschieden werden kann, kann man in Adornos Texten allgegenwärtig spüren.

Das ist ein Denken, mit und in dem man als Intellektueller leben kann. Genau das lässt sich auch über das Deutsche sagen, das sich in ihm ausbildet. Kritik und Reflexion sorgen für die Durchdringung, die Narration für den Stoff, der durchdrungen wird. Es ist ein schmerzhaftes Verständnis des Deutschen, das so erscheint. In ihm erweist sich jeder Versuch, das Gedächtnis an die Shoah zu verdrängen, als ein Anzeichen ihrer Unverdrängbarkeit. Doch obwohl es schmerzhaft ist, das Schreckliche nicht verschmerzen zu können, ist es ein Leben. Und welches Leben wäre schon schmerzlos …

Nach Adorno gibt es eine deutsche Nicht-Identität. Nicht-*Identität* – da er durchaus davon ausgeht, dass es ein deutsches, narrativ vermitteltes Selbstverhältnis gibt. *Nicht*-Identität – weil dieses deutsche Selbstverhältnis durch eine selbst-kritische Anerkennung des Leidens in und an der Shoah stets in einen Verlust umschlägt, der noch den ohnehin notwendigen Verlust einer jeden Herkunft übersteigt. Die deutsche Identität ist nach Adorno durch einen nie zu heilenden Riss gezeichnet. Schließlich gehört zu einer solchen Nicht-Identität, dass ihre Instabilität sich als Offenheit für das Menschliche schlechthin erweist.

Adorno hatte die Kraft, *sein* Deutschland auf eine Weise darzustellen, dass es eine nicht kurze Zeit lang so erschien, als sei es das reale Deutschland. Dann setzten sich Philosophen an seine Stelle, denen anscheinend auch noch dieses Deutschland zu deutsch war. Sie taten so, als würden sie das Denken ihres Lehrers fortsetzen. Doch der Verlust begann – und das Denken wurde öd. Inzwischen könnte sich als schrecklicher Irrtum herausgestellt haben, was jahrzehntelang als der einzige verbindliche Denkstil erschien.

Autobiographischer Exkurs

Dass angesichts von Auschwitz Schuld die Erfahrung meiner Generation ist, stimmt nicht. Schuldig, scheint mir, kann sich jemand, der zwanzig Jahre nach den Ereignissen geboren wurde, nicht fühlen. Die Rede von einem Schuldkomplex der Deutschen ist daher nicht nur irreführend. Sie wird benutzt, die Erinnerung an Auschwitz überhaupt abzuschaffen. Denn mit der Ablösung von der nur eingebildeten Schuld soll sich auch ihr Gegenstand erledigen.

Was mir früh klar wurde und sich seitdem bestätigt hat, ist vielmehr die unverkennbar deutsche Signatur des Verbrechens. Ich erfuhr das nirgendwo so deutlich wie bei einem Besuch der Gedenkstätte Birkenau. Die überaus effektive Organisation der Vergasungen leuchtet dort unmittelbar ein. Das Lager funktionierte wie eine perfekte Mord-Maschine. Die Ruine spricht eine eindeutige Sprache.

Dass eine solche rationale Organisation des Tötens nur deutsch sein kann, ist keine gewagte Behauptung. Gewiss ist der Massenmord an sich kein deutsches Phänomen. Das 20. Jahrhundert kennt Genozide auf beinahe jedem Kontinent. Die Grausamkeit des massenhaften Tötens ist grenzenlos. Doch der industrielle Charakter der Shoah ist eine Eigenschaft, die in der deutschen techno- und bürokratischen Intelligenz angelegt ist. Nur ein Volk, das sich so sehr mit technisch-ökonomischen Erfolgen identifiziert, war zu solch einer logistischen Riesenleistung in der Lage.

Ich verstehe als Deutscher unmittelbar, wie Auschwitz möglich war. Das hängt zusammen mit dem, was es heißt, ein Deutscher zu sein.

Daher ist meine Wendung gegen die Welt von Technik und Ökonomie, meine Weigerung, in den zuständigen Apparaten dieser Welt tätig zu werden, auch immer eine gegen das Deutsche gewesen. Ich bin mir natürlich bewusst, dass Technik und Ökonomie eine universale Matrix haben. Sie sind nicht genuin deutsch. Doch ein spezifisches Leben, das sich von der Effizienz dieser Rationalität angezogen fühlt, sich ihr unterwirft, sie verkörpert, ist deutsch.

Die Ambivalenz dieser sehr deutschen Verkörperung der technisch-ökonomischen Rationalität liegt auf der Hand. Man kann sich einer gewissen Faszination am mehr oder weniger reibungslosen Funktionieren der Gesellschaft, auch einer Bewunderung der Produkte jener Rationalität, nicht entziehen. Doch zugleich erscheint die mit ihr verbundene Indifferenz und Kälte des deutschen Charakters als etwas zutiefst Unmenschliches.

—

Einem deutschen Hass, einem deutschen Antisemitismus, bin ich selten, vielleicht gar nicht begegnet. In dieser Hinsicht waren die »Judenwitze«, die besser »Auschwitz-Witze« genannt werden sollten, meines Großvaters noch das Auffälligste. Er war – so weit ich weiß – in den letzten Kriegsjahren bei der Marine untergekommen, also keineswegs direkt in Aktionen gegen Juden involviert. Diese Art von Witzen hörte man allerdings in meiner Kindheit, in der Kriegsversehrte noch sehr gegenwärtig waren, nicht selten.

Stets ging es, wenn ich nicht irre, um die Verwandlung einer Menschenmenge in etwas Anderes, Kleineres, in Asche oder Seife. Das konnte man dann in sehr kleinen Behältern finden (in Aschenbechern in Autos, vielleicht im Volkswagen …). Der Bezug auf den industriellen Prozess ist deutlich.

Meine Großmutter, von der ich noch Fotos aus ihrer glücklichen BDM-Zeit habe, rief dann meinen Großvater regelmäßig zur Ordnung. Ich hatte aber eher das Gefühl, dass sie wohl dachte, ich könne den Humor nicht verstehen, weil ich zu jung war. Ansonsten hörte ich niemals ein böses Wort über die Juden …

—

Ich erinnere mich daran, dass ich 1978 die amerikanische TV-Serie »Holocaust – Die Geschichte der Familie Weiss« gesehen habe. Der Eindruck, den die vierteilige Serie, die innerhalb von fünf Tagen ausgestrahlt wurde, hinterließ, war enorm. Ich war dreizehn Jahre alt. Alle, die ich kannte, hatten die Geschichte verfolgt. Ich spürte, dass ich dort etwas gesehen hatte, was das Verhältnis zu meiner deutschen Umwelt veränderte.

Natürlich war die Serie im Sinne einer echten Auseinandersetzung mit dem Ereignis eher zu kritisieren. Das Ganze war ein Hollywood-Produkt. James Woods und Meryl Streep wurden durch sie in Deutschland bekannt. Trotzdem – die deutsche Gesellschaft reagierte äußert sensibel.

Feinde der Demokratie merkten ebenfalls, worum es ging. Spätere NPD-Mitglieder sprengten zwei Sendemasten in Westfalen, um die Ausstrahlung des dritten Teils über die Endlösung zu stören. Die Sprengung kann als besondere Form der Anerkennung betrachtet werden. Die Welt wusste noch nicht, was ein Videorekorder ist. Letztlich scheiterte das technische Attentat.

Die Serie jedenfalls war deshalb so wichtig, weil die deutsche Gesellschaft bisher noch nicht über bewegte Bilder vom Holocaust verfügte, die ins kollektive Gedächtnis übergehen konnten. Zwar wurde schon 1945/46 der Film »Death Mills« von Hanuš Burger in deutschen Kinos gezeigt. Doch der Dokumentarfilm, der Bilder aus den befreiten Lagern zeigte, diente der Reeducation. Er bot keine Möglichkeit zur Identifikation. Eine Familiengeschichte leistete das unmittelbar. Zum ersten Mal wurde den Deutschen die Geschichte von den Anfängen der

Verfolgung über die Deportation bis zum Mord erzählt.

Adorno war seit zehn Jahren tot. Er hätte die Serie als Produkt der »Kulturindustrie« abgelehnt. Dennoch, scheint mir, hat sein von der Erfahrung ausgehendes Denken der Wirkung der Serie vorgearbeitet. Die deutsche Gesellschaft war offen genug, der Kraft ihrer Botschaft nicht widerstehen, sie nicht leugnen zu wollen. Das ist heute anders.

Thomas Manns Dämonen

Was Adorno in den fünfziger und sechziger Jahren gelang, eine Generation von Deutschen zu bilden, die sich den Geist der Kritischen Theorie aneigneten, um eine Welt nach und jenseits von Auschwitz aufzubauen, versuchte Thomas Mann auf seine Weise seit den dreißiger Jahren. Zunächst durchaus ablehnend gegenüber der liberalen und demokratischen Politik der Weimarer Republik, trat er 1930 zum ersten Mal öffentlich auf, um vergeblich vor einer Machtergreifung der NSDAP zu warnen. 1938 hatte auch er Deutschland verlassen, um 1944 amerikanischer Staatsbürger zu werden. In der Kriegszeit wendete er sich via BBC an die »Deutschen Hörer«, um sie mit der ihnen womöglich verborgenen Wirklichkeit des »Dritten Reichs« zu konfrontieren. Am 29. Mai 1945 sprach Mann in der Library of Congress in Washington vor großem Publikum. Auch der Vizepräsident der USA war anwesend.

Die Rede gehört in den Kontext des »Doktor Faustus«, jenes Romans, in dem Mann die deutsche Katastrophe in der Gestalt des Komponisten Adrian Leverkühn, »ein Mann besten deutschen Schlages«[67], verdichtete. Bereits auf den ersten Seiten verwendet der Chronist von Leverkühns Leben, Serenus Zeitblom, den Begriff des »Dämonischen«.[68] In einer durch und durch deutschen Welt widmet Leverkühn sein Leben dem musikalischen Werk. Um das Außerordentliche in der Komposition zu erreichen, paktiert er mit dem Teufel. Mann hält den Erzbösen für eine »sehr deutsche Figur«.[69] Luther hatte nach ihm mit dem Tintenfass geworfen. Goethe gab ihm im Mephistopheles seine moderne Gestalt.

Mann versteht seine Rede als ein »Stück deutscher Selbstkritik«[70]. Bereits am Beginn der Rede heißt es:

»Man *hat* zu tun mit dem deutschen Schicksal und deutscher Schuld, wenn man als Deutscher geboren ist.«[71]

Nichts, was Mann dort den tausenden Zuhörern erzählte, sollte als Abgrenzung verstanden werden. Er habe es auch in sich, er »habe alles am eigenen Leibe erfahren«.[72] Die Zugehörigkeit zur Geschichte, zu einem Nationalcharakter in Geschichte, geschieht als Einverleibung. Es ist zwar möglich, in Distanz zu ihm zu treten, ihn zu reflektieren und zu kritisieren. Doch ganz aus ihm herauszutreten, ist unmöglich.

Andererseits, so Mann, sei er »als Amerikaner« »Weltbürger«.[73] Die Exilerfahrung beschrieb er etwas später im August 1945 in einem offenen Brief an den in Deutschland gebliebenen Schriftsteller Walter von Molo. Er erinnerte an das »Herzasthma des Exils«[74], die Atemlosigkeit, die ins Zentrum des Lebens rückt. Molo hatte wie viele Deutsche eine strikte Trennung zwischen den Nationalsozialisten und den Deutschen vorgenommen. Mann widerspricht vernunftgemäß. Was geschah, sei »ein Ergebnis des Charakters und Schicksals des deutschen Volkes«[75] gewesen; ein Urteil, das bei Adorno nicht zu finden ist.

In Manns Washingtoner Ausführungen ist bei aller Abstandnahme die grundsätzliche Sympathie zu spüren. Er möchte »die Geschichte der deutschen ›Innerlichkeit‹«[76] erzählen. Das sei »eine melancholische Geschichte«. Dass der Begriff der »Innerlichkeit« schon bei Mann in Anführungszeichen erscheint, ist kein Zufall. Woher die Rede von einer deutschen Innerlichkeit stammt, kann wohl genau nicht entschieden werden. Ich halte das für gleichgültig, denn ihre Zuschreibung ist nicht mehr als ein Klischee, vergleichbar mit der sowohl von Musäus als auch von Saul Ascher stammenden Redewendung, die Deutschen seien »das Volk der Dichter und Denker«; übrigens eine von Heidegger inflationär gebrauchte Formulierung.

Wie Adorno spricht Mann ständig von Ambivalenzen. Es gebe eine »Weltscheu«, eine »Schüchternheit vor der Welt«[77], die sowohl dünkelhaft als auch provinziell sei. Überhaupt die Provinz, der »dunkelmütige Provinzialismus«[78] – sie und ihn betont Mann.

Zu Recht. Denn wenn man fragt, wann Deutschland begann, urban zu werden, muss man das späte 19. Jahrhundert oder sogar erst das frühe 20. Jahrhundert in Betracht ziehen. Mit Paris und London vergleichbar war Berlin erst nach dem Ersten Weltkrieg. Das erinnert an die Tatsache, dass die meisten deutschen Philosophen, Dichter und Künstler aus der Provinz stammen: Schiller aus der schwäbischen Kleinststadt Marbach am Neckar, Hölderlin aus dem vergleichbaren Lauffen, Schelling aus Leonberg, Caspar David Friedrich aus Greifswald, Nietzsche aus Röcken, Heidegger aus Meßkirch. Doch selbst wenn Goethe in Frankfurt, Hegel in Stuttgart, Wagner in Leipzig geboren wurden, heißt das nicht, dass diese Städte nicht provinziell gewesen sind.

Mann interessiert sich demnach besonders für das, was er die »deutsche Unweltlichkeit«[79] nennt, eine eigentümliche Unfähigkeit, die Bedingungen eines weltoffenen Lebens anzuerkennen. Weltlos par excellence ist die Musik. Leverkühn ist Komponist, Manns alter ego ist Wagner. Der Schritt von der Innerlichkeit zur Musik ist minimal. Daher liegt es nahe, dass für Mann »das Verhältnis des Deutschen zur Welt« »abstrakt und mystisch, das heißt musikalisch« sei. Die »Musikalität der deutschen Seele«[80] sei demnach – so sehr sie als Auszeichnung erscheint – ein politischer Makel. Und wirklich ist das Musik-Hören und das Musizieren selbst zunächst stets eine Abwendung von der Welt, gewollte Vereinsamung.

Mann nimmt die deutsche Musikalität sehr ernst. Als »Volk der romantischen Gegenrevolution« richte es sich »gegen den philosophischen Intellektualismus und Rationalismus der Aufklärung«. Das sei im Kern ein »Aufstand der Musik gegen die Literatur, der Mystik gegen die Klarheit«.[81] Die Oppositionen werden vielleicht etwas zu scharf gezeichnet. In Sachen der Musik denkt Mann vor allem an Wagner. Ob Musik sich überhaupt gegen Intellektualismus und Rationalismus wenden kann, ist bei der extremen Vermitteltheit der Kompositionstechnik durchaus eine Frage. Ohne Zweifel aber führt die Erfahrung des »Tristan« zu anderem als einer Aufklärung im Kantischen Sinne.

Das »Monströse und Unglückliche«[82] im deutschen Charakter findet bei Mann viele Erläuterungen. Die deutsche Politik musste scheitern, weil »Deutschland nie eine Revolution gehabt und gelernt hat, den Begriff der Nation mit dem der Freiheit zu verbinden«.[83] Die Deutschen hätten einen Freiheitsanspruch nach außen stets mit Unfreiheit im Inneren verbunden. Die Expansion des »Dritten Reichs« ließe sich auf diese Weise verstehen.

Eine deutsche Revolution hat es insofern nie gegeben, als es niemals zu einer tiefgreifenden Umwälzung der Gesellschaft gekommen ist. Wo die Französische Revolution die Herrschaft des Feudalismus beendete und damit Weltgeschichte schrieb, bleiben die politischen Umbrüche der Deutschen seltsam oberflächlich. Noch die deutsche Wiedervereinigung von 1989 wird den Verdacht nicht los, dass es weniger um das Abschaffen des Unrechts- als um den Anschluss an den Wohlfahrtsstaat ging.

Obwohl Hitler offen einen europäischen Herrschaftsanspruch formulierte und sich zuweilen als die Wiederkunft Napoleons gerierte, bezeichnet Mann die »deutsche Freiheitsidee« als »völkisch-antieuropäisch«. Sie sei »dem Barbarischen immer sehr nahe, wenn sie nicht geradezu in offene und erklärte Barbarei«[84] ausbreche. Bereits Hyperion alias Hölderlin hatte die Deutschen Barbaren genannt. Hitler hatte sich als Barbar erwiesen. Das Antieuropäische scheint unterdessen keineswegs mehr eine deutsche Eigenschaft zu sein.

Die Rede schweigt mehr oder weniger vom Völkermord an den Juden. Mann erwähnt die »Rassenparole« und ihre Konsequenz in »ungeheuerlichen Missetaten«[85] – beinahe ein Euphemismus. Er spricht von der Schuld, wird aber nicht deutlicher. Das ist bemerkenswert, war er doch früher in einer seiner Radioreden an die »Deutschen Hörer« auf die Tötung von Juden durch Giftgas eingegangen. So fragt er rhetorisch, warum sich die Deutschen wunderten und darüber entrüsteten, dass »die zivilisierte Welt« beratschlage, »mit welchen Erziehungsmethoden aus den deutschen Generationen, deren Gehirne vom Nationalsozialismus geformt« seien, »aus moralisch völlig begrifflosen und mißgebildeten Killern also, Menschen zu machen«[86] seien. Viele, die wie Adorno und Arendt nach dem Krieg aus dem Exil zurückkehrten, machten dann die Erfahrung, dass es offenbar kaum Nationalsozialisten gegeben hatte. Die Organisation des Massenmordes forderte von den Deutschen keine besonderen Eigenschaften …

Adorno hat Manns Rede über »Deutschland und die Deutschen« gewiss gelesen. Die Entstehung des »Doktor Faustus« hat er begleitet. Über seine Rückkehr nach Deutschland hat er dem in Kalifornien Gebliebenen in Briefen berichtet. Mag sein, dass die Narrativität des Deutschlandbildes, das Mann besonders in der Figur des Adrian Leverkühn vorschwebt, auch auf Adorno gewirkt hat. Von heute aus betrachtet erscheint die Tragweite von Manns Initiative begrenzt.

In seinem Zugang zu den Ereignissen bleibt Mann zu sehr einem von ihm so genannten »Aristokratismus des Geistes«[87] verpflichtet. Er verhindert echte Kritik. Wie Nietzsche ist Mann an den großen Individuen wie Luther, Goethe und Wagner interessiert, meint, sich von ihnen abschauen zu können, was deutsch sei. Das ist in einer gewissen Hinsicht nicht falsch. Luther, vor allem aber Goethe und Wagner haben selbst über »Deutschland und die Deutschen« nachgedacht. Dennoch sind Begriffe wie der des Dämonischen oder der Musikalität der deutschen Seele nicht geeignet, einen modernen Zugang zum Deutschen zu eröffnen.

Zuletzt bleibt in Manns Zugang zum Deutschen bei allem glaubwürdigen Abscheu gegenüber dem Nationalsozialismus zu viel Identität mit der künstlerischen Ausnahme, dem Überragenden des Werks, im Spiel. Zu sehr verstand sich Mann als Erbe dieser Künstler, die er nicht anders als singuläre Personen zu verstehen vermochte. Auch Adorno spricht von der Ambivalenz der Größe und ihrer Monstrosität. Doch mit ihm kann diese Ambivalenz in der Alltäglichkeit der deutschen Gesellschaft wiedererkannt werden. Er ist es zudem, der die Bedeutung von Auschwitz über jede ästhetische Erhabenheit setzt. Durch Adorno kann man verstehen, dass all die Kunstwerke gegen die »Zone von Aas und Abdecker«[88], gegen dieses funktionierende Milieu der Vernichtung, nicht ankommen. Und so wie sie angesichts von Auschwitz nicht bestehen, können auch ihre Schöpfer nichts über das Verbrechen entscheiden. Mann gab nicht preis, was Adorno preisgab, ohne es zu ganz verlieren.

Habermas und Hendrix

Wie Adorno die deutsche Wiedervereinigung aufgenommen hätte, könnte man höchstens erahnen. Vermutlich hätte er sie begrüßt. Er hat nie einen Zweifel daran gelassen, dass er die sozialistischen Regime im Osten ablehnte. Ob er vor einem neuen, vereinigten Deutschland gewarnt hätte? Hätte er an die deutsche Nicht-Identität erinnert?

Im Jahr 1990 erschien Jürgen Habermas' epochemachender Aufsatz »Staatsbürgerschaft und nationale Identität«. Er kann als Reaktion auf den Mauerfall gelesen werden. Das legt Habermas selbst nahe, wenn er davon spricht, dass die Geschichte »wieder in Bewegung geraten« sei, sie beschleunige sich, ja, sie laufe sogar heiß. Es gebe »neue Probleme«, die die »alten Perspektiven verschieben«. Sie eröffneten »Zukunftsperspektiven, aus denen wir überhaupt wieder Handlungsalternativen wahrnehmen«.[89] Der gar nicht so langsame Zusammenbruch jenes Staatengebildes, das sich Warschauer Pakt nannte, versetzte die Geschichte in Schwingung.

Helmut Kohls sechzehn Jahre der Kanzlerschaft hatten das Leben in eine entpolitisierte Zone verwandelt. Alles war vollkommen saturiert, das Ende der Geschichte schien gekommen zu sein. Nicht, dass die neunziger Jahre diese Stagnation beendet hätten. Gewiss, im Osten zerbrachen Existenzen. Viele begannen neu, viele – zumal die, die sich zu sehr auf den Staat der DDR eingelassen hatten – verloren den Anschluss. Der Westen aber spürte wenig von diesen Erschütterungen. Die BRD blieb in den allermeisten Hinsichten die alte.

Dennoch erkannte Habermas die Zeichen der Zeit. »Drei historische Bewegungen unserer mobil gewordenen Zeitgeschichte« berührten das »Verhältnis von Staatsbürgerschaft und nationaler Identität«. Es gehe um die deutsche Wiedervereinigung, in der sich die Frage nach der »Zukunft des Nationalstaates« stelle, um die Bildung eines europäischen Binnenmarktes, in der die »supranational vollzogene ökonomische Integration« einen Vorrang vor der nationalstaatlichen Politik beanspruche, sowie um die »riesigen Wanderungsbewegungen aus den armen Regionen des Ostens und des Südens«[90], mit denen sich Westeuropa in Zukunft zu beschäftigen habe.

Das ist ein Panorama von Problemen, das noch heute, nach einem Vierteljahrhundert, Geltung beanspruchen darf, vielleicht sogar mehr Geltung, als Habermas wissen konnte. Nach dem Kollaps der

DDR hat es womöglich eine ganze Zeit gebraucht, bis das ideologische Vakuum, das der autoritäre Staat hinterließ, sich entfalten konnte. Die Rechtslastigkeit und Fremdenfeindlichkeit des Ostens hat sich erst in den letzten Jahren voll ausgewirkt. Der Ruf nach nationaler Identität ist nicht nur, aber doch in erheblichem Maße ein Ruf aus dem Osten.

Zudem hat der echte Epochenbruch, von dem Habermas natürlich 1990 noch nichts ahnen konnte, der 11. September 2001, das dritte Problem noch verstärkt. Die Migrationen, die sowohl auf das erste als auch das zweite Problem Einfluss nehmen, haben aufgrund des islamistischen Terrors ein weiteres Problem hinzugewonnen. Dieses Problem wird vor allem von denjenigen instrumentalisiert, die in ihrem Verständnis von nationaler Identität dem Islam überhaupt keinen Ort mehr einräumen wollen. 9/11, eher noch als der Mauerfall, ist das Ereignis, das die aktuelle Politik beschäftigt.

Habermas' Aufsatz hat Geschichte gemacht, weil er dort seinen Begriff des »Verfassungspatriotismus«[91] präsentiert. Er ist zur Chiffre eines »Staatsbürgerstatus« geworden, der sich an die Gegebenheiten pluralistischer und multikultureller Gesellschaften anpasst, indem er sie im Prinzip bejaht. Jedenfalls lehnt Habermas die Idee einer »vorpolitischen, durch Abstammung, geteilten Tradition« sowie einer durch gemeinsame Sprache integrierten Gemeinschaft«[92] ab. Diese kommunitaristische Position, vertreten z. B. von Michael Walzer, wird kritisiert. Die »ethnisch-kulturelle Substanz« einer »jeweiligen Lebensform«[93] könne nicht mit der Staatsbürgerschaft identifiziert werden.

Für den »Verfassungspatriotismus« beruft sich Habermas auf zwei Beispiele, auf die Schweiz und die USA. Sie hält Habermas für multikulturelle Gesellschaften, d. h. für Gesellschaften, die ihren Zusammenhalt durch einen »formalen Konsens«[94] herstellen. Dieser formale Konsens ist die rechtliche Grundlage der Gesellschaft, der Schrift-Gegenstand, auf dem die Gesellschaft schlechthin aufbaut: die Verfassung.

Habermas schwebt eine »von nationaler Identität weitgehend entkoppelte Staatsbürgerschaft«[95] vor. Überhaupt setzt er den Nationalismus als eine »Bewußtseinsformation« an, »die eine durch Geschichtsschreibung und Reflexion hindurch gefilterte Aneignung« voraussetze. Das bezeichnet er als »künstlich«, als ein »gewissermaßen Konstruiertes«.[96] Es ist wahr: der politische Nationalismus verwendet seine Narrationen häufig im Gegensatz zu dem, was eine Nation ursprünglich ist. Ein naturwüchsiges Verhältnis zu seinem Geburtsland braucht keine epische Herleitung. Die Anfälligkeit des »manipulativen Mißbrauchs« einer nationalen Identität betrifft alltägliche Bindungen, die eine Gesellschaft ausmachen, ohne dass diese Bindungen, z. B. der Arbeitswelt, im nationalen Narrativ erfasst werden.

Diese alltäglichen Bindungen gestalten sich in der modernen Gesellschaft normalerweise multikulturell. Das wird sich im Zuge der bereits geschehenden und noch kommenden Migrationen noch verstärken. Habermas erkennt das Problem und erklärt, dass »von Einwanderern nur die Bereitschaft erwartet werden« müsse, »daß sie sich auf die politische Kultur ihrer neuen Heimat einlassen, ohne deshalb die kulturelle Lebensform ihrer Herkunft aufgeben zu müssen«.[97] Die Differenzierung von »politischer Kultur« und »kultureller Lebensform« stimmt mit der Forderung des »Verfassungspatriotismus« überein. Im Ernstfall kann einer in seiner Familie als unbarmherziger Despot auftreten, wenn er die demokratischen Spielregeln der politischen Sphäre anerkennt. Schwierig wird es, wenn Einwanderer die Differenz nicht kennen, wenn sie die Organisation ihrer Politik mit der Organisation ihres Alltags identifizieren.

Es ist offenkundig, dass Habermas an der Transformation des Staatsbürgers in den Weltbürger interessiert ist.[98] Das liegt in der Logik seiner Argumentation. Einem »Verfassungspatriotismus« braucht nicht notwendig ein *nationales Bewusstsein* zugrundeliegen. Die moderne Gesellschaft setzt keine kulturelle Identität voraus, ja sie ist im Grunde politisch bedeutungslos. Daher soll sich das Subjekt in »postkonventioneller Selbstkontrolle«[99] auf die Trennung der eigentlich politischen Sphäre von kulturellen Identitätsfragen einstellen. Es ist aber die Frage, ob sich ein subjektves Verhältnis zur Verfassung ohne kulturspezifische Denkgewohnheiten, genauer: ohne eine kollektive Erinnerung an die historische Singularität der Stiftung der Verfassung, entfalten kann.

Habermas geht zwar von einer »Rationalisierung der Lebenswelt«[100] aus, die alle Poren des Lebens durchdringt. Doch die totale Rationalisierung würde den »Verfassungspatriotismus« unterminieren. Die Auflösung kultureller Identitäten muss eine Grenze haben. Für Habermas kann die Frage, was deutsch sei, einerseits nur anachronistische Bedeutung haben, aber andererseits kann der »Verfassungspatriotismus« auf eine kulturelle Codierung nicht verzichten.

—

Es ist wichtig, dass Habermas nicht einfach von einem Verfassungs*konsens*, sondern von einem *Patriotismus* der Verfassung spricht. Was ist damit gemeint? Der Patriot hat ein Verhältnis zu seinem Vaterland, das sich gewiss auf seine Traditionen, seine Menschen sowie auf seine Landschaft bezieht. Diese Beziehung ist alles andere als ein konsensueller Formalismus. Der Unterschied zwischen einem Patrioten und einem Nationalisten dürfte nicht allzu groß sein. Habermas würde wahrscheinlich zustimmen, dass der Nationalismus sowie der Patriotismus in der Geschichte Europas mit der Französischen Revolution beginnen.[101]

Nach Habermas bildet der Gegenstand seiner Vorstellung des Patriotismus nicht das Vaterland selbst, sondern die *Verfassung*. Nicht beiläufig verweist Habermas auf die USA und die Schweiz. Die Verfassung (und die sogenannte Bill of Rights) der Vereinigten Staaten von Amerika entstand als Ergebnis einer Befreiung vom englischen Königreich, einer Revolution[102], aus der in den achtziger Jahren des 18. Jahrhunderts der Staat hervorging. Die Founding Fathers, durchdrungen von einer humanistischen Bildung, den Ideen der Aufklärung zugewandt, schufen die politisch-rechtliche Grundordnung. Sie entsprang einem Ereignis, dessen narratives Potenzial noch heute für die politische Selbstauffassung der Amerikaner essentiell ist. Die erste Schweizer Verfassung aus dem Jahre 1848 hat die der USA zum Vorbild. Auch ihrer Entstehung ging eine kriegerische Auseinandersetzung, der Sonderbundskrieg, voraus.

Es scheint mir aber nicht unwichtig zu sein, die *narrative Dimension* der Entstehung der amerikanischen Verfassungskultur zu betonen. Das reicht tief in die symbolische Selbstvermittlung der politischen Praxis hinein. Ich erinnere an das Weiße Haus. Sein Bau wurde initiiert von George Washington. 1814 zerstört, wurde es 1819 von jenem irischen Architekten, der es erbaut hatte, wiederaufgebaut. Die Geschichten, die sich um das Gebäude ranken, sind allgemein, nicht nur unter Amerikanern, bekannt. Hat Marilyn Monroe Kennedy wirklich dort getroffen und …? Musste Roland Emmerich den Regierungssitz in »Independance Day« von Außerirdischen zerschmettern lassen? Es ist offenbar bekannt, welche Haustiere mit den Präsidenten bis heute im Weißen Haus wohnten.

Überhaupt das Präsidentenamt. Auch sein narratives Potenzial ist enorm. Figuren wie der erwähnte George Washington, aber auch Abraham Lincoln, dessen Hund übrigens Fido hieß, oder Richard Nixon und John F. Kennedy, selbst Barack Obama, haben beinahe mythische Bedeutung. Als Daniel Day-Lewis 2012 seinen dritten Oscar als bester Hauptdarsteller erhielt, war es kein Zufall, dass er ihm für die Hauptrolle im außerhalb der USA eher wenig wahrgenommenen Film »Lincoln« zugesprochen wurde. Das ist eigentlich eine Ausnahme, denn die amerikanischen Narrative beschäftigen die Welt.

Die Idee vom »american way of life« erfasst offenbar immer noch die Massen. Das führt aus der europäischen Perspektive zuweilen zu unerträglichen Erscheinungen, wie jenem Film »The Pursuit of Happyness« von 2006, in dem Will Smith die Hauptrolle spielt. Die dumme Botschaft ist immer noch die, dass der Fleißige – sei er ein afro-amerikanischer Obdachloser – im amerikanischen Kapitalismus notwendig den größten Erfolg haben wird. Voraussetzung ist, dass er die Härte dieser Wirtschaftsform akzeptiert. Der Filmtitel zitiert den Teil eines der eindrucksvollsten politischen Sätze nicht nur der amerikanischen Unabhängigkeitserklärung. Das dürfte kein Zufall sein.

Die integrative Kraft der amerikanischen Verfassung generiert sich aus einem Gewebe von Narrationen, die auf die eine oder andere Art und Weise die politische Welt der USA bis heute prägen. Es mag sein, dass nicht jede Bevölkerungsgruppe sich in diesem narrativen Spielraum bewegt. Die große Minderheit der hispanischen Bevölkerung könnte sich vielleicht deshalb weniger mit dieser Welt identifizieren, weil es bisher noch keinen hispanischen Präsidenten gegeben hat. Das zeigt jedoch schon, wie sehr das Amt des amerikanischen Präsidenten das politische Bewusstsein der Amerikaner berührt. Es wäre überhaupt zu fragen, ob nicht die symbolischen Positionen der amerikanischen Politik die Verfassung in ihrer Wichtigkeit zumindest flankieren.

Der in letzter Zeit wieder aufbrechende Rassismus gegenüber der afro-amerikanischen Bevölkerung widerspricht all dem nicht. Denn bis jetzt erweisen sich die amerikanischen Narrative als stark genug, die Probleme nicht in offenen Widerstand übergehen zu lassen. Noch scheint sich auch dieser Bevölkerungsteil für einen Teil der USA zu halten.

Als Hendrix 1969 in Woodstock die amerikanische Hymne »Star Spangled Banner« verzerrte und zersägte, wussten alle Amerikaner – nicht nur die Hippies –, worum es ging: »And the rocket's red glare, the bombs bursting in air, / Gave proof through the night that our flag was still there.« Die erwähnten Raketen und Bomben galten den Engländern, von denen man sich befreite. »The land of the free and the home of the brave« bombadierte inzwischen Nordvietnam, ein Land so groß wie Österreich.

Das Beispiel der USA für einen funktionierenden »Verfassungspatriotismus« ist demnach gut gewählt. Den Nordamerikanern steckt überhaupt ein Patriotismus in den Knochen, der als solcher nicht ausgesprochen werden muss. Das ist kein formaler, sondern ein narrativer Konsens, der demokratisiert, weil sich alle – mehr oder weniger – mit ihm identifizieren können.

Das US-amerikanische Verhältnis zur Verfassung wird von narrativen Momenten durchdrungen, die sich nicht einfach produzieren lassen. Sie entstehen in Jahrhunderten von selbst. Die Narrative der deutschen Geschichte sind nicht nur andere. Anders als die amerikanische Geschichte ist die deutsche von Brüchen gezeichnet. Deutsche Geschichte bildet keine affirmative Narration, sie bietet kein Identitätsdispositiv.

Da die Stiftung der bundesrepublikanischen Verfassung mit der kollektiven Erinnerung an eine einzigartige Zerstörung (und Reeducation) des Landes verbunden war, konnten sich keine identitätsstiftenden Narrationen bilden. Die Kriegsgeneration überlieferte den Nachkriegskindern ein abstraktes Verhältnis zum Grundgesetz. Im alltäglichen Selbstverständnis eines deutschen Bürgers bleibt es daher allein einer Reihe von Argumenten überlassen, das Grundgesetz als Zentrum einer deutschen Selbstdeutung zu betrachten. Das Problem dabei ist, dass sich ein patriotischer Bezug zur Verfassung nicht aus Argumenten ergibt. Soll in Deutschland die Verfassung ein Gegenstand patriotischer Einstellungen werden, dann ist die Bestreitung des Anspruchs einer kulturspezifischen Identität kontraproduktiv.

—

Der Verzicht auf die Frage, was deutsch sei, ist, bei aller Aufweichung der Nationalstaatlichkeit, bei allem Tourismus und auch Kosmopolitismus, der allerdings nur auf gewisse Teile der Gesellschaft beschränkt bleibt, falsch. Gewiss, die Diskussionen über Nationalcharaktere haben etwas Horoskopartiges. Vielfach kommt man nicht über Triviales hinaus. Dennoch sind Zuschreibungen der Herkunft unvermeidlich.

Leben muss sich erzählen. »*Wer* jemand ist oder war, können wir nur erfahren, wenn wir die Geschichte hören, deren Held er selbst ist, also seine Biographie«[103], schreibt Hannah Arendt. Mitgeteiltes schießt in einer Narration zusammen. Eine rationale Form der Kommunikation wie das Argumentieren ist nur eines ihrer Momente – freilich ein wichtiges. Doch im Gespräch mit dem Anderen spielt die Erzählung eine mindestens genauso wichtige Rolle.

Im Übrigen ist die Leugnung der Herkunft nicht nur spielverderberisch. In der Ansicht, wir seien einzig und allein Menschen (und keine Deutschen, Franzosen, Frauen, Alte etc.), kommt Hochmut gegenüber dem zum Vorschein, für den die Herkunft etwas Naheliegendes ist. Wo bist du geboren? Was haben deine Eltern gemacht? Wo bist du zur Schule gegangen? Das für irrelevant zu halten, ist unbegründet.

Gewiss ist die Zuschreibung eines Nationalcharakters noch etwas Anderes. Damit ist es, wie Adorno es beschreibt. Sobald man das Land seiner Herkunft verlässt, beginnt sie phänotypisch zu werden. Zuschreibungen entstehen von selbst. Wer sich daher z. B. in Kolumbien nicht als Deutscher oder Engländer zu erkennen geben will, wiederholt den Hochmut, der sich über das Faktum, dass jeder aus einem Land mit einer spezifischen Kultur und Geschichte wie auch aus einer bestimmten sozialen Situation stammt, zu erheben versucht. Zu Recht stößt ein solches Verhalten auf Unverständnis.

Das bedeutet allerdings nicht, dass die erzählte Herkunft unvermeidbare Konsequenzen enthält. Die Mitteilung einer Herkunft, diese Selbsterzählung, hat etwas Spielerisches. Identitäten – die ohnehin schon keine reinen mehr sein können – scheinen hier nur auf, um gebrochen zu werden. Nichts ist determiniert. Die Selbstnarration geschieht in einem Spielraum, in dem das Erzählte nur solches unter anderem Erzählten ist. Der Herkunft unveränderliche Züge einzuhämmern, ist inhuman. Ich bin frei, den Anderen zugleich jenseits seiner Herkunft zu entdecken. Und ich bin nie nur meine Herkunft.

—

Gewiss baut sich in Habermas' Denken eine Position aus, die in der Sphäre der Argumente kaum zu widerlegen ist. Es entfaltet sich ein wissenschaftliches Profil, das in der Landschaft nicht nur der deutschen Philosophie singulär ist. Habermas hat in seiner »Theorie des kommunikativen Handelns« Adornos (und Horkheimers) Denken kritisiert, um von ihm ausgehend das eigene Projekt zu entfalten.[104] Seine Effektivität steht außer Frage. Nichts weist darauf hin, dass eine andere Position im Streit der Argumente eine Alternative bieten könnte.

Und doch stellt dieses Denken eine Theorie dar, die sich aus den Verhältnissen des konkreten Lebens umso mehr entfernt hat, je näher sie diesen Verhältnissen zu kommen versuchte. Das liegt daran, dass die »Theorie des kommunikativen Handelns«, wenn es um den öffentlichen Geltungsanspruch von Kommunikationen geht, zu einer Argumentationstheorie wird, dass sie die Geltung von Sprechhandlungen überhaupt auf Argumente reduziert. Sicher, wir sprechen auf sehr verschiedene Weisen miteinander, wenn es aber um die Konsequenzen unseres Sprechens geht, gilt für Habermas nur das stärkere Argument.

Dieser Idee könnte wiederum nur ein stärkeres Argument widersprechen. Das ist auch ganz richtig so. Niemand kann die Bedeutung des Arguments bezweifeln. Auch Adorno muss die Kritische Theorie in Argumenten entfalten. Anders aber als Habermas scheint er den Erfahrungsanteil an der Vernunft für relevant zu halten. Er ahnt, dass sich ein politisches Leben – ein Leben überhaupt – niemals auf der Höhe der reinen Argumentation bewegt. Die Zähigkeit der Lebenswirklichkeit, die gemachten Erfahrungen harren gewiss der Aufklärung. Adorno weiß mehr davon als Habermas.

Indem das siegreiche Argument schon vor jedem konkreten Gespräch – im Prinzip – feststeht und es nur noch darum geht, es zu entdecken, wird das z. B. politische Gespräch tendenziell zu einem wissenschaftlichen Unternehmen. Der politische Streit verliert seine Dynamik, weil die Vernunft jedes Argument betrachtet wie ein Insekt unterm Mikroskop. Was ihr nicht genügt, wird verworfen. Eine solche Betrachtungsweise weiß immer schon zu viel. Sie entlarvt den Anderen als zurückgeblieben. Das aber ist keine Kritik, sondern eine Belehrung. Habermas' kritische Überwindung von Adorno ist eine Preisgabe des kritischen Anspruchs der Theorie.

Habermas' Projekt, die aktuelle Frankfurter Schule überhaupt, ist ein Diskurs von Professoren, der sich nur insofern ein besonderes Profil verleihen kann, als er in Exzellenz-Initiativen erfolgreich ist. Theorie um ihrer selbst willen wird ausgestattet mit großzügigen Posten. Damit aber erlangt der Diskurs noch keine gesellschaftspolitische Relevanz. Im Gegenteil: Er wird nicht weniger esoterisch als das von Habermas so häufig abgekanzelte Heideggersche Denken. Was universitätspolitisch äußerst effektiv funktioniert, ist »lebensweltlich« irrelevant geworden.

Als Rudi Dutschke 1968 in Anspielung auf Mao Zedong vom *»langen Marsch durch die Institutionen«*[105] sprach, dachte er an die Überführung des Geistes der Revolution in die entscheidenden Organisationskanäle der BRD. Adorno hat diese Strategie jener der Stadt-Guerilla vorgezogen. Doch die Geschichte der deutschen Institutionen zeigt, dass dieser Marsch in die Ämter führte, die schließlich nicht anders ausgeübt wurden als die Ämter von vorher. Adorno mahnte in seiner Frankfurter Vorlesung vom Winter 1963/64: »Wir haben es mit der Neutralisierung zu tun. Widerstand gegen den wissenschaftlichen Betrieb ist noch eine Aufgabe, die der Philosophie geblieben ist.«[106] Nicht mehr – jene, die den Titel der Frankfurter Schule für sich verwenden, sind die angepasstesten Repräsentanten dieses Betriebs geworden.

Sloterdijk hatte bereits im September 1999, anlässlich eines Streites über seine Elmauer Rede »Regeln für den Menschenpark«, in einem Artikel in der ZEIT den Tod der Kritischen Theorie diagnostiziert.

Doch er hatte damals einen anderen Blickwinkel. Was ihm aufstieß, war die kommerzielle und politische Ausschlachtung bestimmter misreadings seines Textes. Zwar brauche »jede Gesellschaft« »semantische und physische Warnsysteme, um sich gegen Angriffe auf ihren Bestand, moralisch oder politisch, von innen oder von außen, zu wehren«. Aber den »Tod der Kritik« im Sinne der Kritischen Theorie erkenne man an »ihrer Transformation in Erregungsproduktionen auf dem eng gewordenen Markt der Aufmerksamkeitsquoten«. Die dem Habermasschen Philosophieren nahestehenden Journalisten Thomas Assheuer und Reinhard Mohr hatten in der ZEIT und im *Spiegel* gegen Sloterdijk Stellung bezogen.

Für Sloterdijk war das damals schon ein Beweis für die »verwelkte Frankfurter Tradition«, die er in eine »ältere Version« und eine »jüngere« unterschied. Die ältere, die von Adorno, sei die Frankfurter Schule als »ein gnostischer George-Kreis von links« gewesen, die jüngere, die von Habermas, »ein in Latenz gehaltener Jakobinismus – eine sozialliberale Version der Tugenddiktatur (in Verbindung mit journalistischem und akademischem Karrierismus)«. Ich habe Habermas-Anhänger an deutschen Universitäten kennengelernt, auf die Sloterdijks Kennzeichnung zutrifft. Ihr Bewusstsein, ganz dem Guten zu dienen, war gepaart mit dem Un-bewusstsein, in solchem selbstlosen Dienst alles für ihre Karriere tun zu wollen.

Für eine aktuelle Kritik an der jüngeren Fassung der Frankfurter Schule aber dürfte der jakobinische Zug kaum zentral sein. Der Tod der Kritischen Theorie besteht vielmehr in ihrem Rückzug aus allen Sinnräumen, die nicht schon wissenschaftlich eingerichtet sind. Es ist eine wissenschaftliche Bequemlichkeit, auch der Schutzraum der Wissenschaft, der die Kritische Theorie einschläfert. In diesem Sinne hat Habermas vor kurzem in einem Interview in der französischen Revue *Esprit* festgestellt:

»Unter Prämissen nachmetaphysischen Denkens hat die Philosophie heute, anders als Mythen und Religionen, keine Weltbild erzeugende Kraft mehr. Sie navigiert zwischen Religion und Naturwissenschaften, Sozial- und Geisteswissenschaften, Kultur und Kunst, um zu lernen – und im bestehenden Selbstverständnis Illusionen zu tilgen. Nicht mehr, aber auch nicht weniger. Philosophie ist heute ein parasitäres, von fremden Lernprozessen zehrendes Unternehmen.«

Der Parasit nimmt, was er bekommt, er gibt, was verlangt wird. Mit dieser Bestimmung kehrt sich die Philosophie von öffentlich wichtigen Diskussionen ab und überlässt das Forum den Ideologen und Populisten, für die wissenschaftliche Diskurse sich um sich selbst drehendes Expertengerede sind. Kein Zweifel, dass eine solche Ignoranz in politischer Hinsicht ihre Berechtigung hat. Eine politische Öffentlichkeit ist etwas anderes als ein Philosophisches Seminar. Wenn die Philosophen sich der Frage nach der Möglichkeit einer deutschen Identität oder Nicht-Identität verweigern, weil sie die Frage für unangemessen halten, fällt diese in die Hand jener, die über die einfachsten Antworten verfügen. Adorno hat von den Philosophen gefordert, sich die Hände schmutzig zu machen. Er hat die Frage nach einer deutschen Nicht-Identität ernstgenommen. Die Antwort ist komplex genug.

Sarrazins Einflüsterungen

Im herrschenden Diskurs-Vakuum hat kaum ein anderer Autor so erfolgreich für Verunsicherung gesorgt wie Thilo Sarrazin mit seinem Buch »Deutschland schafft sich ab. Wie wir unser Land aufs Spiel setzen«. Es handelt sich dabei um ein Patchwork von verschiedenen Betrachtungen und Ansichten, das einen demagogischen Zweck verfolgt. Die Strategie ist populistisch. Um das wachsende Ressentiment in der deutschen Bevölkerung gegen Migranten und ähnliche Fremde zu bestätigen und weiter zu befeuern, streift der Autor bewusst rassistische Positionen, um diese jedoch stets in einem scheinbar wissenschaftlichen Diskurs einzuholen. Es handelt sich um einen *insinuierenden Rassismus*, er flüstert dem Leser ein, auf wen er sein Ressentiment richten soll.

Dieser im Flüsterton vorgetragene Rassismus wagt es letztlich nicht, die notwendig pluralistische Struktur der deutschen Gesellschaft anzugreifen. So sehr der Begriff der Multikulturalität perhorresziert wird, so wenig kann er in seinem Realitätsanspruch geleugnet werden. Sarrazin fordert nirgendwo, dass Deutschland sich abschotten soll. Dennoch lässt die

Flüsterpropaganda des Rassismus keinen anderen Schluss zu als den, dass der Traum von einem ethnisch einheitlichen Deutschland immer noch sein Unwesen treibt. Wären nicht sämtliche in Sarrazins Buch vorgetragenen Probleme gelöst, wenn es ein Deutschland voller fortpflanzungsfreudiger Deutscher gäbe?

Das Patchwork der von Sarrazin vertretenen Meinungen entfaltet sich nach der so nie klar geäußerten Hauptmeinung, dass Deutschland die ökonomisch-technische Macht, die es sich nach dem Zweiten Weltkrieg angeeignet hat, durch seine demographische Entwicklung nicht verlieren solle. Um diese demographische Entwicklung zu erfassen und darzustellen, bedient sich Sarrazin der Diskurse der Evolutionsbiologie und der Genetik. Zugleich verfolgt er die Ansicht, dass die Deutschen sich ihre kulturelle Identität erhalten sollten. Das soll durch Mottos vor allem von Schiller und Goethe, aber auch von Shakespeare, betont werden. Sie stellt der Autor jedem Kapitel seines Buches voran. Die Strategie ist, Angst davor zu verbreiten, dass sowohl Macht als auch Identität der Deutschen sich in einem mehr als prekären Zustand befinden. Schuld daran sind die »sogenannten Gutmenschen« und »Multikulturalisten«.[107]

Der Geist und der Ton des Buches ist der eines Technokraten, eines Sozial-Kybernetikers, der, auf einer »Datenbasis«[108] operierend, »Struktur- und Steuerungsfragen der Gesellschaft«[109] klären will. Der Autor spricht gleichsam mit der offenbar unerschütterlichen Autorität eines Naturwissenschaftlers. Dem etwas entgegenzusetzen, ist schon deshalb vergeblich, weil doch »Daten« unbezweifelbar sein sollen. In solcher Pseudo-Gewissheit werden Weisheiten wie die folgende verkündet: »Die Basis aller menschlichen Möglichkeiten wurzelt in der Biologie des Menschen.«[110] Ganz abgesehen vom schlechten Stil, der eine »Basis« »wurzeln« lässt, wird der banale Gedanke, dass man, um (besser) denken zu können, ein (besseres) Gehirn braucht, zum Ausgangspunkt demographischer Erhebungen gemacht.

Die demographische Furcht, die den Autor anzutreiben scheint, betrifft seinen Fetisch der »Intelligenz«, die er als den »einzigen nachwachsenden Rohstoff, den Deutschland«[111] habe, bezeichnet. Auch wenn er einräumt, dass »Umwelteinflüsse«[112] in der Entwicklung des Menschen ebenso eine Rolle spielen, interessiert er sich beinahe ausschließlich für sie. Genauer gesagt: Sarrazin hat vor allem die mathematisch-technische Intelligenz im Auge. Seiner Ansicht nach sei der »Zugang zu Sprache, Kultur und Kunst [...] allen Menschen möglich«. Das gelte aber nicht für die Mathematik und die Naturwissenschaften.[113] Insbesondere sie werden gebraucht, wenn man die ökonomisch-technische Macht, den wissenschaftlich-technischen Fortschritt, eines Landes bewahren und ausbauen will.

Der Hauptgedanke ist der, dass in einem Deutschland, in dem sich die Deutschen immer weniger reproduzieren, die Zuwanderung von sich reproduzierenden Nicht-Deutschen immer stärker wird, sodass die Zahl der Unintelligenten größer wird, bis schließlich die technisch-ökonomische Macht des Landes Schaden nimmt. Deutschland schafft sich demnach insofern ab, als es immer weniger und dümmer wird.

Sarrazin betont den Vorrang einer mathematisch-technischen Intelligenz vor einer sprachlich-künstlerischen. Das bringt mit sich, dass er eine Intelligenz favorisiert, die keine nationale Herkunft beanspruchen kann. Daraus entsteht ein Problem, das der Autor im Grunde nicht löst. Das »Deutsche in Deutschland verdünnt sich immer mehr, und das intellektuelle Potential verdünnt sich noch schneller«.[114] Wer werde »in 100 Jahren ›Wanderers Nachtlied‹ noch kennen? Der »Koranschüler in der Moschee nebenan wohl nicht«. Doch um »Wanderers Nachtlied« geht es dem Autor keineswegs.

Sarrazin zitiert zwar Goethes Gedicht. Doch es wird an keiner Stelle klar, inwiefern seine Kenntnis ein Anzeichen fürs Deutschsein sein sollte. Nirgendwo erklärt der Autor, wie die von ihm zitierten Stellen aus den Werken Schillers und Goethes auf spezifische Weise in die Intellektualität von Deutschen eingehen. Denn gewiss wird ein »Koranschüler« nicht dadurch deutsch, dass er ein Goethe-Gedicht zitieren kann. Er wird auch nicht undeutsch, wenn er es nicht vermag.

Mit anderen Worten: Da es kein Gen der nationalen Identität oder Zugehörigkeit geben kann, kommt das Deutsche bei Sarrazin nur nebenbei vor. So wie dem Technokraten die Dichtung selbst unzugänglich ist, wird sie mit dem sonstigen Thema nirgendwo vermittelt. Zur technisch-ökonomischen Selbstbehauptung eines deutschen Staates wird Dichtung nicht gebraucht. Ein authentisches Verhältnis zu ihr dürfte die Realisierungen des techno-ökonomischen Willens zur Macht eher stören. Ich könnte mir vorstellen, dass ein Koranschüler wesentlich mehr mit einem Gedicht anfangen kann als der Deutsche Sarrazin. Der »deutsche Charakter Deutschlands«[115] bleibt ihm im Grunde verschlossen.

Die durch und durch technokratische Behauptung eines Primats der Intelligenz ist naiv. Dennoch trifft Sarrazin einen Punkt, der in der deutschen Gesellschaft hypokritische Ausweichmanöver evoziert. Dass Intelligenz ein allgemein fetischisiertes Phänomen ist, lässt sich schwer bestreiten. Wie häufig wird die Auskunft, jemand sei der jüngste Professor in irgendeinem Fach oder jemand spreche sechs Sprachen etc. als Autoritätsargument in Anschlag gebracht. Das standing eines Fußballers wird dadurch gehoben, dass einem mitgeteilt wird, er studiere Wirtschaftswissenschaften. Die Intelligenz ist eine obskure Qualität, die als Ware dient. Zugleich kann sie nicht zum echten Kriterium der *conditio humana* erhoben werden. Sarrazin bedient sich dieser Zweideutigkeit.

—

In seinen Ausführungen zur »Intelligenz« und ihrer evolutionsbiologischen und genetischen Weitergabe streift Sarrazin dann häufiger bewusst rassistische Ideen, so wenn er über die »frühe Intelligenzforschung« in Anwendung auf die »Juden europäischer Provenienz«[116] spricht. Gemäß dieser Forschung habe man nämlich schon in den zwanziger Jahren die »durchschnittliche höhere Intelligenz der Juden« erkannt und mit dem »außerordentlichen Selektionsdruck, dem sie sich im christlichen Abendland ausgesetzt sahen«[117], erklärt. Die Juden seien »in Handel, Banken und intellektuelle Berufe« abgedrängt worden. Die »Schriftgelehrten« haben »besonderes Ansehen« genossen. Da hatte z. B. der »Rabbi hohe Fortpflanzungschancen, weil er die reiche jüdische Kaufmannstochter heiraten konnte«.[118]

Sarrazin erinnert daran, welche »große Rolle« die Juden in Deutschland »auch in den Bereichen Kunst und Literatur sowie in den Medien« spielten. »Karl Marx und Sigmund Freud«, für Sarrazin die Begründer der »beiden einflussreichsten modernen Heilslehren«, seien »jüdischer Herkunft«[119] gewesen. In solchen Äußerungen bricht der überall stark spürbare Anti-Intellektualismus des Autors beinahe offen hervor. Man möchte gewiss ungerechtfertigt meinen, er sei froh, dass Juden – und nicht echte Deutsche – diese »Heilslehren« begründet haben.

Was Sarrazin über die Juden schreibt, könnte auch in Hitlers »Mein Kampf« stehen. Hitler betont dort, dass ihn vor allem die »außerordentlich unwissenschaftliche Beweisführung«[120] lange davon abgehalten habe, Antisemit zu werden. Der Antisemitismus der Nationalsozialisten sollte ein »rassentheoretisch« begründeter sein. Sarrazin weiß das und will dem daher sogleich einen Riegel vorschieben: »für die deutschen Herrenmenschen« sei »ein Intelligenztest, bei dem Juden mit 115 abschnitten, deutsche Herrenmenschen dagegen durchschnittlich nur mit 100, inakzeptabel«[121] gewesen. Man fragt sich, was Sarrazin gesagt hätte, wenn sich ein höherer IQ bei den »deutschen Herrenmenschen«, ein niedrigerer bei den Juden herausgestellt hätte. In seiner Logik wäre das ein Argument gegen die Juden – die »Untalentierten«[122] spielen nicht nur in einem »gesunden Selbstbehauptungswillen als Nation«[123] keine Rolle, sie behindern ihn …

Doch die Juden bilden für Sarrazin keineswegs ein Problem. Sie verfügen offenbar über erhebliche Intelligenz. Die eigentliche Bedrohung des deutschen »Humankapitals«[124] kommt aus Afrika. Afrika ist für Sarrazin ein *horror vacui*. Es dient als Gegenbild der Gesellschaft schlechthin. Diese könne sich ihre »Rahmenbedingungen« selbst setzen und verändern. Wäre sie nicht dazu in der Lage, »dann wären alle menschlichen Gesellschaften wie die verschiedenen Schimpansenstämme im Urwald immer noch auf demselben Entwicklungsniveau, nämlich dem des afrikanischen Buschs«.[125] Auch wenn es in der Primatenforschung üblich ist, von Schimpansenstämmen zu sprechen, ist die Bezeichnung ein Anthropomorphismus. Und wer von den zwölf Stämmen Israels spricht, wird damit seine Schwierigkeiten haben.

Doch selbst wenn man über die Begriffswahl hinwegsieht, wird klar, dass für Sarrazin der extremste Gegensatz zur technisch-ökonomisch entwickelten Gesellschaft der »afrikanische Busch« ist. Problematisch ist daran zunächst nichts, da in einem bestimmten Sprachspiel der »afrikanische Busch« für das Unkultivierte schlechthin steht. Erst wenn Sarrazin ein paar Seiten später von den »aus Afrika stammenden Migranten«[126] spricht, bekommt die Begriffswahl eine gewisse Schärfe.

Migranten aus Afrika nämlich hätten »zu 25 Prozent keinen Bildungsabschluss«. Lediglich »20 Prozent der afrikanischstämmigen Schüler« besuchten die gymnasiale Oberstufe. Nichts weise auf eine erfolgreiche Integration hin. Es gebe aber »in dieser Gruppe 35 Prozent bikulturelle Ehen (meist afrikanische Männer mit deutschen Frauen)«. Dort seien »die Integrationswerte etwas besser«. Für Sarrazin ist Integration messbar, auch wenn für die Begegnung von afrikanischen Männern mit deutschen

Frauen die Steigerung des »Integrationswerts« unkommentiert bleibt. Was bedingt den »besseren Integrationswert« in Ehen afrikanischer Männer mit deutschen Frauen? Spielt gar der »afrikanische Busch« bei solchen »Integrationswerten« eine gewisse Rolle?

Ein Beispiel aus der Geschichte der Kolonisierung Afrikas könnte die Frage vielleicht beantworten. Sarrazin erinnert an die Memoiren Doris Lessings, die 1925 als sechsjähriges Mädchen mit ihren Eltern nach Rhodesien zog. Damals, so Sarrazin, »lebten 250 000 Schwarze dort«.[127] Die »Einführung des Maisanbaus durch die Kolonisten« habe dann die »Subsistenzbasis der schwarzen Bevölkerung« gehoben und »ihre Vermehrung« ermöglicht. Als Doris Lessing Ende der vierziger Jahre das Land verließ, »lebten dort 1,5 Millionen Schwarze«. Heute seien es »13 Millionen«. Das Schema ist schlicht. Die Kolonisatoren brachten die Intelligenz, die »Schwarzen« vermehrten sich.

Es ist unverkennbar, dass Stereotype solche Erklärungen leiten. Die Strategie, die hinter solchen schwer erträglichen technokratischen Ausführungen liegt, ist die, durch das Ungesagte zu beeinflussen. An keiner Stelle sagt Sarrazin, dass die »Schwarzen« als solche über weniger Intelligenz verfügten als die »Weißen«. Aber die vollkommen affirmative Präsentation von Zahlen und Messdaten soll für sich sprechen. »Schwarze« sind schwer integrierbar (außer bei »deutschen Frauen«), dafür sind sie ungeheuerlich fruchtbar, wie die Geschichte Rhodesiens zeigt.

»Schwarze« spielen in Sarrazins Migrations-Szenario aber nicht die Hauptrolle. Im Fruchtbarkeits-Wettbewerb sind es vielmehr die Muslime, deren Zahl bedrohlich wächst:

»Man mag es einen Kulturbruch oder auch anders nennen: Wenn die beschriebenen Trends sich fortsetzen, dann wird die säkulare und aus unserer Sicht kulturell vorzuziehende Lebensform Europas letztlich unterlaufen durch die höhere Fertilität der muslimischen Migranten und den durch sie ausgelösten Nachzug. Wer sich stärker vermehrt, wird am Ende Europa besitzen. Wollen wir das?«[128]

Das Zitat ist ein typisches Beispiel für Sarrazins populistisches Vorgehen. Statistiken werden vom Autor als nicht interpretationsbedürftig interpretiert. Ihr Sinn soll sich von selbst ergeben. Demnach ist evident, dass Europa von der »höheren Fertilität der muslimischen Migranten« bedroht wird. Denn – klar – wer sich mehr macht, wird mehr sein. Die Frage, ob »wir« das wollen, setzt ein Subjekt voraus, das sich das fragen kann. Welches, bleibt dunkel. Zudem suggeriert die Frage, dass der »Wille« dieses Subjekts überhaupt gefragt ist. In welcher Hinsicht wird ebenso verschwiegen. Will Sarrazin eine Geburtenpolitik wie in China einführen? Will er die »deutschen Frauen« zu »höherer Fertilität« verpflichten? Der Populist wäre dumm, würde er solche Forderungen offen formulieren.

Der insinuierende Rassismus von »Deutschland schafft sich ab« wird nicht nur auf Leser wirken, die sich »informieren« wollen, er setzt bereits ein Publikum voraus, das versteht, worum es geht. Es ist nicht zu leugnen, dass demographische Fragen eine politische Dimension haben. Doch Sarrazin versucht, eine Bedrohung zu inszenieren, die alte Ängste und Ressentiments heraufruft, die nicht nur nichts zum Problem beitragen, ob und inwiefern es eine deutsche Identität geben kann. Sarrazin kennt auch keine politischen Lösungen seiner Probleme, die ernsthaft realisiert werden könnten.

Der Populismus, die demagogische Vereinfachung, entzieht sich dem Argument. Das teilt er mit den Fragen nationaler Identität. Daher kann er in sie auch so unmittelbar eingreifen. Kann er deshalb auch ein Recht beanspruchen, bei der Bildung dieser Identität eine Rolle zu spielen? Die Frage hat akademischen Charakter, da er es ohnehin versucht. Deshalb ist es wichtig, eine Alternative zum Sarrazinschen Deutschland zu kennen, ohne die Legitimität der Frage, ob und wie es eine nationale Identität der Deutschen gibt und geben kann, zu bestreiten.

Schluss. Asche im Haar

In seiner »Kritik der zynischen Vernunft«, jenem Buch, das Anfang der achtziger Jahre das etwas gelangweilte Denken in Bewegung setzte, hatte Sloterdijk seine Sympathien für Adorno auf seine Weise erklärt. Die Kritische Theorie beruhe »auf der Voraussetzung, daß wir im ›Weltschmerz‹ von dieser Welt a priori wissen«. Kritik sei »möglich, sofern der Schmerz uns« sage, was »›wahr und falsch‹« sei. Es gebe da einen Elitarismus der Sensibilität, der »sich aus Widerwillen gegen das Leichengift der Normalität in einem Land der harten Köpfe und der Panzerseelen«[129] nähre. Adornos Kritik setze ein »Schmerz-Apriori« voraus.

In der Tat hatte Adorno mit seinem permanenten Verweis auf Auschwitz versucht, das kritische Bewusstsein nach dem Krieg auf eine Wunde aufmerksam zu machen, die nur die wenigsten fühlen wollten.[130] Adorno – Denker der Wunde, des verwundeten Denkens. Diese Wunde sollte als Folge des Traums vom nationalen Inzest erfahren werden. Der totale Zwang zur Identität versuchte jede Negativität, jede Andersheit, auszurotten. Negativität wurde sozusagen kollektiv verboten. Daher macht jede Verleugnung von Negativität misstrauisch. Wir sind Zeugen ihrer neuerlichen Krise.

Krise der Negativität – Abstraktion einer einfachen Tatsache: Nicht-fühlen-Wollen des Schmerzes im Nein, nicht(s) mehr erfahren wollen, keine Entäußerung, nur noch das Eigene, die reine Bestätigung. Diese Krise ist die einer Gesellschaft, die sich im Grunde zu nichts und schon gar nicht zu sich selbst kritisch verhält – trotz aller scheinbar überall vorgetragenen Kritik. Kritik, die sich auf keinen Schmerz mehr bezieht, sich nicht auf ihn einlassen will, die an die Konstruktion glaubt, um ihr zu dienen – Kritik, die von einem Schmerz ausgeht und zu ihm zurückkehrt, Kritik, die nicht konstruktiv sein will.

Als die Zeit kam, dass die Verwertungsrechte an Hitlers »Mein Kampf«, die beim Land Bayern lagen, verfielen, wollte man mit einer opulent kommentierten, zweibändigen Neuausgabe des Buches einer vereinfachenden Lektüre vorgreifen. Die Ausgabe wurde ein Bestseller. Es war natürlich schon vorher möglich, sich ein Exemplar des ominösen Werks, das damals im »Dritten Reich« niemand gelesen haben wollte, zu besorgen. Wer es unbedingt besitzen wollte, zudem noch in originaler Aufmachung (mit Schutzumschlag ...), besaß es bereits. Wer also waren die Käufer, die Hitler nun vielleicht so kauften wie vorher Pilcher, Precht und Rowling?

Es gibt keinen Grund, davon auszugehen, dass sich kritische Leser das Buch besorgten. Im Gegenteil: Vorzüglich wird das Buch von solchen Lesern gekauft worden sein, die in Hitlers Kampfschrift Bestätigung suchten. Vermutlich werden sie sich auf all diesen Seiten, auf denen Hitler vom »Blut« und seiner »Reinerhaltung« schwafelt, etwas verloren gefühlt haben, doch der wiederholte Aufruf an alle und an sich selbst, Deutschland zu neuer Größe zu führen, wird ihnen imponiert haben. Hatte er es nicht doch allen gezeigt, dieser einfache Mann aus einfachen Verhältnissen, der doch irgendwie »einer von uns« ist? Brauchen »wir« nicht eigentlich so einen, der mit diesem ganzen Wahnsinn der »Gutmenschen«, der Migranten, des alten Schuldkomplexes, der Homo-Ehen, der »Lügenpresse« etc. aufräumt? Einen, der, indem er zu den richtigen Dingen ja sagt, zum Ja ja sagt, mit dem ewigen Nein Schluss macht?

Die Verkaufszahlen von »Mein Kampf« können als Indikator für die doppelbödige Gemütslage der Deutschen verstanden werden. Auf der Oberfläche der meisten Medien präsentiert sich der Deutsche als offener Europäer, der mit dem alten Bild der Deutschen als strammstehende Pflichterfüller nichts mehr zu tun haben will. Doch unter dieser Oberfläche schwelt das Ressentiment, das längst fühlt, wie weit sich das offizielle Bild von ihnen und ihrem Alltag entfernt hat. Entsprechen die Deutschen diesem Bild etwa nicht?

Die Vorstellung, dass der und die gewöhnliche Deutsche mindesten drei Sprachen sprechen, zwei Mal im Jahr eine Weltreise machen, Bossa Nova aus den 70er Jahren hören, Sushi mit hashi essen, HBO-Serien im Original schauen und Waisen aus dem Südsudan adoptieren, trügt. Nicht nur, dass die allermeisten Deutschen nicht über die ökonomischen Mittel verfügen, einen solchen Kosmopolitismus zu leben, sie erkennen sich in ihm keineswegs wieder. Das ist nicht überraschend, denn es entspricht auch nicht dem Selbstbild eines gewöhnlichen Engländers oder Brasilianers.

Das den Konsumansprüchen des aktuellen Kapitalismus' entgegenkommende Ideal eines polyglotten Weltreisenden, der mit seiner Familie in einem Haus in Frankfurt wohnt, ist eine Karikatur, doch wie alle Karikaturen macht sie auf etwas aufmerksam, das dem Karikierten zukommt. Die Moderne hat in ihren Rationalisierungsbewegungen ein Lebensideal hervorgebracht, das das narrativ geprägte Selbstbild des Einzelnen unter Druck setzt. In der Organisation der modernen und postmodernen Öffentlichkeit scheint die Herkunft und Zugehörigkeit der Individuen kaum noch eine Rolle zu spielen. Was zählt, ist, wie ich mich in der global vernetzten Welt professionell und sozial bewähre.

Habermas hat in einem Interview in der ZEIT (Nr. 29/2016) angesichts des britischen Ausstiegs aus der Europäischen Union von den »Randgruppen der

Bevölkerung« gesprochen, die sich mithin auch ökonomisch »›abgehängt‹« fühlen. Die Analyse ist richtig. Doch geht sie – im Grunde seltsam für Habermas – auf die im Kern sozialistische These zurück, dass Nationalismen sich vor allem in ökonomischen Krisensituationen melden. Wird es den »Abgehängten« wieder besser gehen, wird auch der Irrationalismus ihrer Proteste zurückgehen. Eigentlich gibt es zum kosmopolitischen Lebensstil keine rationale Alternative. Die Argumente der Nationalisten haben sich schon erledigt, bevor sie ausgesprochen werden.

Wahr daran ist, dass die universale Matrix von Technik, Kapital und Medien Nationalismen aushöhlt. Sie vereinheitlicht die Topographien des Lebens. Adorno hat davon gesprochen, dass »die Gleichheit der Organisation des Lebens« »international jene Substantialität des Nationellen« »zu einer bloßen Fassade herabgesetzt«[131] habe. Wenn man die Gelegenheit habe, »über weitere Strecken mit dem Flugzeug zu reisen«, um beobachten zu können, »wie in der ganzen Welt diese Flugplätze einander vollständig gleichen: die ganze Institution der Lautsprecher, die Hostesses und was sonst alles dazugehört«, dann könne man sich »dem Eindruck schlecht entziehen, daß die dahinter liegenden Differenzen der einzelnen Städte und Länder beinahe nur noch dazu da« seien, »um die Fluggäste dazu zu animieren, sich überhaupt von Karatschi nach Neapel oder sonst wohin zu begeben; daß aber, wenn dieses Reklameinteresse nicht bestünde, dann die Form, die die

Lufthäfen so eindringlich symbolisieren, ohne Erbarmen auch alle die Städte« »unter sich begraben würden«. In der Tat: Es ist der Tourismus, der ein Interesse an der Differenziertheit der Kulturen hat, während er sie zerstört.

Dennoch wird die Universalität von Technik, Kapital und Medien es nicht dazu bringen, die Narrativität der Biographie und mit ihr verbunden die Bedeutung der Herkunft gänzlich aufzuheben. Es ließe sich sogar behaupten, dass gerade der Tourismus die Erzählung der Herkunft immer wieder herausfordert. Wo, wenn nicht im anderen Land, werde ich danach befragt, woher ich komme? Wo, wenn nicht jenseits meiner vertrauten Umgebung, werde ich dazu angehalten, über meine Herkunft nachzudenken? Ob der Tourismus irgendwann genau diese Erzählungen unmöglich gemacht haben wird, weil es sie in einer Welt jenseits der nationalen und kulturellen Differenzen nicht mehr geben kann, ist eine andere Frage.

Unbezweifelbar ist, dass ökonomische Krisen die Selbstinterpretation von Menschengruppen beeinflussen. In Zeiten ökonomischen Wohlstands erfahren die Gesellschaften stärkeren Zusammenhalt. Sie werden instabil, wenn er sich zu sehr auf nur bestimmte Teile der Gesellschaft konzentriert. Wir sind Zeugen dieses Vorgangs. Er betrifft jedoch nicht das narrative Selbstverhältnis als solches. Dieses existiert latent, um dann in harten Zeiten populistisch ausgenutzt zu werden. Es ist aber nicht an sich schon eine populistische Erscheinung.

Die Frage, was deutsch sei, bleibt relevant, nicht nur weil es sich Populisten mit ihr allzu leicht machen und den Unzufriedenen und auch Zufriedenen mit Staffagen ausstatten, damit diese ihr vermeintliches Deutschsein Flüchtlingen und anderen Leidtragenden entgegenhalten können. Sie bleibt auch deshalb wichtig, weil das Leben einer Gesellschaft von den Narrativen ihrer Mitglieder mindestens mitbestimmt wird. Es ist z. B. von allgemeinem Interesse, dass der technokratische Charakter eines Sarrazin sich nicht als deutscher erweist, als er es ohnehin schon ist. Feiert er sich nicht unerträglich in einem wirtschaftlichen Erfolg, der das schwache Europa noch weiter entsolidarisiert?

Das Absterben der Kritischen Theorie, wie Adorno sie begründete, in der Wissenschaftsesoterik und dem mit ihr verbundenen unkritischen Karrierismus hat ein Vakuum erzeugt, in das der ganz und gar ungebildete Stolz der heimlichen Rassisten, denen ein ethnisch homogenes Deutschland noch am liebsten wäre, hineinstößt. Dieses Vakuum scheint zur Zeit von keinem neuen Adorno ausgefüllt werden zu können. Es gibt keine gesellschaftlich anerkannte kritische Instanz mehr.

Dieses Fehlen ist eine Krise der Negativität, deren Folgen in Fragen der nationalen Identität bereits erkennbar sind. Insbesondere die Bestreitung des deutschen Charakters der Shoah, die Verweigerung jener von Adorno so genannten »metaphysischen Erfahrung« als Anerkennung eines Bruchs in jeder möglichen deutschen Identität, lässt ein Deutschland hervorkommen, das wieder unter sich sein will. Der nicht zu schließende Riss, den Adorno im Narrativ der entstehenden BRD offen hielt, um dieses Narrativ fürs Menschliche schlechthin zu öffnen, soll verschwinden. Sollte dieser Riss eines Tages geschlossen sein, würde das Unmenschliche noch greifbarer, greifender, werden, als es das heute schon ist.

Verlust von Negativität: Er erscheint als Abwesenheit des Nein, der Negation, die sich im Riss des Mordes, der Vernichtung und Verdrängung des Anderen, in der Indifferenz zu ihm, manifestiert. Adornos Kritische Theorie ist die Treue zu dieser Negativität. Mit ihr geht sie zum Menschen und streut ihm »Asche ins Haar«.

Anmerkungen

1 Philipp Felsch spricht in seinem Buch *Der lange Sommer der Theorie. Geschichte einer Revolte* (Verlag C. H. Beck: München 2015) zu Recht von der »Bundesrepublik Adorno«.

2 Ebd., 39 ff.

3 Theodor W. Adorno: »Wissenschaftliche Erfahrungen in Amerika«. In: Ders.: *Stichworte. Kritische Modelle* 2. In: Ders.: *Kulturkritik und Gesellschaft II*. Suhrkamp Verlag: Frankfurt am Main 2003, 702.

4 Theodor W. Adorno: *Stichworte. Kritische Modelle* 2. Suhrkamp Verlag: Frankfurt am Main 1969, o. S.

5 Vgl. Gerd Koenen: *Das rote Jahrzehnt. Unsere kleine deutsche Kulturrevolution 1967–1977*. S. XXX. Fischer Verlag: Frankfurt am Main 2002.

6 Thilo Sarrazin: *Deutschland schafft sich ab. Wie wir unser Land aufs Spiel setzen*. Deutsche Verlags-Anstalt: München 7/2016, I.

7 Adorno: *Stichworte*. A. a. O., 9.

8 Theodor W. Adorno: »Auf die Frage: Was ist deutsch.« In: Ders.: *Stichworte. Kritische Modelle* 2. In: Ders.: *Kulturkritik und Gesellschaft II*. A. a. O., 691.

9 Vgl. Adolf Hitler: *Mein Kampf. Eine Kritische Edition. Bd. II*. Hrsg. von Christian Hartmann, Thomas Vordermayer, Othmar Plöckinger und Roman Töppel. Im Auftrag des Instituts für Zeitgeschichte: München–Berlin 2016, 1197: »Was dem *Marxismus* die staunens-

werte Macht über die breiten Massen gegeben hat, ist keineswegs das formale, schriftlich niedergelegte Werk jüdischer Gedankenarbeit, als vielmehr die ungeheuerliche rednerische Propagandawelle, die im Laufe der Jahre sich der breiten Masse bemächtigte. Von hunderttausend deutschen Arbeitern kennen im Durchschnitt noch nicht hundert dieses Werk, das seit jeher von tausendmal mehr Intellektuellen und besonders Juden studiert wurde als von wirklichen Anhängern dieser Bewegung aus den großen unteren Schichten. Dieses Werk ist auch gar nicht für die breiten Massen geschrieben worden, sondern ausschließlich für die intellektuelle Führung jener jüdischen Welteroberungsmaschine; geheizt hat man sie dann mit ganz anderem Stoff: der Presse.« Die Verachtung des »Intellektuellen« als »jüdisch« durchzieht das ganze Werk. »Mein Kampf« hatte eine andere Zielgruppe. Jeder sollte es lesen können.

10 Adorno: »Auf die Frage: Was ist deutsch.« A. a. O., 692.

11 Ebd., 691.

12 Ich erinnere daran, dass besonders in den 80er und 90er Jahren die Leistungen der deutschen Nationalmannschaft die spielerischen Momente des Fußballs kläglich vermieden. Doch wenn schon das Spiel als solches nicht gepflegt wurde, wurde der unbedingte körperliche Einsatz – der »reine Wille« – betont. Dabei sprach man dann von »deutschen Tugenden«. Mit ihnen wurde man Welt- und Europameister.

13 Ebd., 693.

14 Richard Wagner: *Deutsche Kunst und deutsche Politik. Gesammelte Schriften und Dichtungen.* Bd. 8. Verlag von E. W. Fritzsch: Leipzig 2/1888, 96 f.

15 Ebd., 124.

16 Vgl. David Nirenberg: *Anti-Judaismus. Eine andere Geschichte des westlichen Denkens.* C. H. Beck: München 2015.

[17] Theodor W. Adorno: *Negative Dialektik*. Suhrkamp Verlag: Frankfurt am Main 1966, 356.

[18] Theodor W. Adorno: »Erziehung nach Auschwitz«. In: Ders.: *Kulturkritik und Gesellschaft II*. A. a. O., 686 f.

[19] Adorno: »Erziehung nach Auschwitz«. A. a. O., 675.

[20] Theodor W. Adorno: *Metaphysik. Begriff und Probleme* (1965). Hrsg. von Rolf Tiedemann. Suhrkamp Verlag: Frankfurt am Main 2006, 173.

[21] Adorno: »Erziehung nach Auschwitz«. A. a. O., 690.

[22] Adorno: *Metaphysik*. A. a. O., 173 f.

[23] Ebd., 161 f.

[24] Karl Jaspers: *Die Schuldfrage*. Lambert Schneider Verlag: Heidelberg 1946, 72.

[25] Vgl. Hannah Arendt: *Zwischen Vergangenheit und Zukunft. Übungen im politischen Denken I*. Hrsg. von Ursula Ludz. Piper Verlag: München 1994, 35.

[26] Friedrich Hölderlin: *Hyperion oder der Eremit in Griechenland*. In: Ders.: *Sämtliche Werke und Briefe I*. Hrsg. von Michael Knaupp. Carl Hanser Verlag: München 1992, 754.

[27] Ebd., 755.

[28] Adorno: »Auf die Frage: was ist deutsch.« A. a. O., 694.

[29] Stefan George: *Der Stern des Bundes. Sämtliche Werke*. Bd. VIII. Klett-Cotta: Stuttgart 1993, 68.

[30] Adorno: »Auf die Frage: was ist deutsch.« A. a. O., 695.

[31] Theodor W. Adorno: *Ontologie und Dialektik* (1960/61). Hrsg. von Rolf Tiedemann. Suhrkamp Verlag: Frankfurt am Main 2008, 12.

[32] Ebd., 68.

[33] Ebd., 149.

[34] Theodor W. Adorno: *Ohne Leitbild. Parva Aesthetica*. In: Ders.: *Kulturkritik und Gesellschaft II*. Suhrkamp Verlag: Frankfurt am Main 2003, 304.

[35] Ebd., 302.

[36] Ebd., 303.

[37] Ebd., 305.

38 Ebd., 308.

39 Ebd., 305.

40 Vgl. Martin Heidegger: Anmerkungen I. In: Ders.: Anmerkungen I–V (*Schwarze Hefte 1942–1948*). Hrsg. von Peter Trawny. Vittorio Klostermann Verlag: Frankfurt am Main 2015, 60.

41 Adorno: *Ontologie und Dialektik*. A. a. O., 212.

42 Theodor W. Adorno: *Jargon der Eigentlichkeit. Zur deutschen Ideologie*. Suhrkamp Verlag: Frankfurt am Main 1964.

43 Adorno: »Ontologie und Dialektik«. A. a. O., 308.

44 Alexander und Margarete Mitscherlich: *Die Unfähigkeit zu trauern*. Piper Verlag: München 1967.

45 Adorno: »Wissenschaftliche Erfahrungen in Amerika«. A. a. O., 703.

46 Adorno: »Auf die Frage: was ist deutsch«. A. a. O., 697.

47 Adorno: »Wissenschaftliche Erfahrungen in Amerika«. A. a. O., 702.

48 Ebd., 708.

49 Ebd., 736.

50 Theodor W. Adorno: *Einleitung in die Musiksoziologie*. Suhrkamp Verlag: Frankfurt am Main 1973, 47.

51 Adorno: »Wissenschaftliche Erfahrungen in Amerika«. A. a. O., 734.

52 Ebd., 735 f.

53 Ebd., 736.

54 Ebd., 735.

55 Ebd., 736.

56 Adorno: »Auf die Frage: was ist deutsch.« A. a. O., 696.

57 Ebd., 697.

58 Ebd., 699.

59 Ebd., 699 f.

60 Ebd., 701.

61 Ebd., 700.

62 Rudolf Carnap: »The Overcoming of Metaphysics through Logical Analysis of Language«. In: *Heidegger and Modern*

Philosophy. Yale University Press: New Haven and London 1978.

63 Adorno: »Auf die Frage: was ist deutsch.« A. a. O., 701.

64 Theodor W. Adorno / Thomas Mann: *Briefwechsel 1943–1955.* Hrsg. von Christoph Gödde und Thomas Sprecher. Suhrkamp Verlag: Frankfurt am Main 2002, 61 f.

65 Selbst für Georges Formel vom »geheimen Deutschland« hatte er noch positive Worte gefunden. Vgl. »George und Hofmannsthal. Zum Briefwechsel: 1891–1906«. In: *Prismen.* In: *Kulturkritik und Gesellschaft I.* Suhrkamp Verlag: Frankfurt am Main 2003, 206.

66 Adorno: *Ontologie und Dialektik.* A. a. O., 102 f.

67 Thomas Mann: *Doktor Faustus. Das Leben des Tonsetzers Adrian Leverkühn erzählt von einem Freunde.* Suhrkamp Verlag vorm. S. Fischer: Berlin und Frankfurt am Main 1948, 22.

68 Ebd., 10.

69 Thomas Mann: *Deutschland und die Deutschen.* Bermann-Fischer Verlag: Stockholm 1947, 14.

70 Ebd., 38.

71 Ebd., 10 f.

72 Ebd., 37.

73 Ebd., 9.

74 Thomas Mann: *Briefe. Bd. 2 – 1937–1947.* Hrsg. von Erika Mann. S. Fischer Verlag: Frankfurt am Main 1963, 441.

75 Ebd., 442.

76 Mann: *Deutschland und die Deutschen.* A. a. O., 37.

77 Ebd., 9.

78 Ebd., 11.

79 Ebd.

80 Ebd., 15.

81 Ebd., 32.

82 Ebd., 30.

83 Ebd., 23 f.

84 Ebd., 24.

85 Ebd., 30.

86 Thomas Mann: *Sieben Manifeste zur jüdischen Frage 1936–1948*. Hrsg. von Walter A. Berendsohn. Joseph Melzer Verlag: Darmstadt 1966, 48.

87 Ebd., 29.

88 Adorno: *Metaphysik*. A. a. O., 183.

89 Jürgen Habermas: »Staatsbürgerschaft und nationale Identität«. In: Ders.: *Faktizität und Geltung. Beiträge zur Diskurstheorie des Rechts und des demokratischen Rechtsstaats*. Suhrkamp Verlag: Frankfurt am Main 1998, 632.

90 Ebd.

91 Ebd., 642.

92 Ebd., 636.

93 Ebd., 658.

94 Ebd., 638.

95 Ebd., 653.

96 Ebd., 635.

97 Ebd., 659.

98 Ebd. 659 f.

99 Jürgen Habermas: »Konzeptionen der Moderne. Ein Rückblick auf zwei Traditionen«. In: Ders.: *Zeitdiagnosen. Zwölf Essays 1980–2001*. Suhrkamp Verlag: Frankfurt am Main 2003, 199.

100 Ebd.

101 Habermas: »Staatsbürgerschaft und nationale Identität«. A. a. O., 636.

102 Vgl. Hannah Arendt: *Über die Revolution*. Piper Verlag: München 1965.

103 Hannah Arendt: *Vita activa oder Vom tätigen Leben*. Piper Verlag: München u. Zürich 1971, 178.

104 Jürgen Habermas: *Theorie des kommunikativen Handelns*. Bd. 1. Suhrkamp Verlag: Frankfurt am Main 1981, 516: »Absichtlich regrediert das philosophische Denken, im Schatten einer Philosophie, die sich überlebt hat, zur Gebärde.« Das wird auf Adornos vermeintliches Schwanken zwischen der »Negativen Dialektik« und der »Ästhetischen Theorie« bezogen.

[105] *Briefe an Rudi D.* Hrsg. von Stefan Reisner. Eingeleitet von Rudi Dutschke. Voltaire Flugschrift 19. Frankfurt am Main 1968, VII.

[106] Theodor W. Adorno: *Zur Lehre von der Geschichte und von der Freiheit (1964/65)*. Hrsg. von Rolf Tiedemann. Suhrkamp Verlag: Frankfurt am Main 3/2014, 14.

[107] Sarrazin: *Deutschland schafft sich ab*. A. a. O., 10, 275. Der Begriff des »Gutmenschen« erinnert der Sache nach an Gehlens Begriff der »Moralhypertrophie« bzw. der »vollen Aggressivität der guten Sache«. Vgl. Arnold Gehlen: *Moral und Hypermoral. Eine pluralistische Ethik*. 7/ Vittorio Klostermann Verlag: Frankfurt am Main 2016, 184.

[108] Sarrazin: *Deutschland schafft sich ab*. A. a. O., X.

[109] Ebd., 10.

[110] Ebd., XXXVI.

[111] Ebd., 353.

[112] Ebd., XXXIX.

[113] Ebd., 57.

[114] Ebd., 393.

[115] Ebd., 392.

[116] Ebd., 93 ff.

[117] Ebd., 95.

[118] Ebd., 95 f.

[119] Ebd., 94.

[120] Hitler: *Mein Kampf*. Bd. 1. A. a. O., 209.

[121] Sarrazin: *Deutschland schafft sich ab*. A. a. O., 97.

[122] Ebd., 53.

[123] Ebd., 18.

[124] Ebd., 69.

[125] Ebd., 34.

[126] Ebd., 62.

[127] Ebd., 316.

[128] Ebd., 320.

[129] Peter Sloterdijk: *Kritik der zynischen Vernunft*. Bd. 1. Suhrkamp Verlag: Frankfurt am Main 1983, 20 f.

130 Vgl. Alexander und Margarete Mitscherlich: *Die Unfähigkeit zu trauern*. A. a. O.

131 Adorno: »Zur Lehre von der Geschichte und von der Freiheit«. A. a. O., 159.

Erste Auflage Berlin 2016

Göhrener Str. 7 | 10437 Berlin
info@matthes-seitz-berlin.de

Satz: psb, Berlin
Druck und Bindung: Art Druk, Szczecin
Umschlaggestaltung nach einer Idee
von Pierre Faucheux
ISBN 978-3-95757-376-6

www.matthes-seitz-berlin.de

Peter Trawny
Medium und Revolution
85 Seiten, Klappenbroschur
ISBN 978-3-88221-574-8

›Medium und Revolution‹ ist der Versuch, einen unmöglichen Standpunkt zu ertasten: den atopischen Punkt, von dem allein aus Revolution gedacht werden kann. An diesen Ort kann ihr auch die Philosophie nicht folgen, denn »so sehr sie das Ereignis begehrt, das ins Andere reißt, so sehr sehnt sie sich nach Empfang. Keine Philosophie, die sich schon in der Revolution befände. Gerade eine revolutionäre Philosophie befindet sich in einer Ordnung, der sie nicht angehören will.«

Peter Trawny
Ins Wasser geschrieben
155 Seiten, Klappenbroschur
ISBN 978-3-88221-045-3

Dieser Versuch über Intimität und die Differenz von Innen und Außen ist Echo und Antwort auf die Frage nach dem Ort einer kommenden Revolution, die Trawny in seinem Essay ›Medium und Revolution‹ aufwirft. Die radikale Besinnung auf das Innen, die mono- oder bipolare Intimität leuchtet als einzige Möglichkeit auf, heute wahrhaftig zu leben.

Peter Trawny
Irrnisfuge. Heideggers Anarchie
89 Seiten, Klappenbroschur
ISBN 978-3-95757-032-1

Die Diskussionen um Heideggers »Schwarze Hefte« haben gezeigt, wie das extreme Denken Heideggers die öffentliche Verständnisfähigkeit an ihre Grenzen treibt. Woher stammt die Wildheit eines Denkens, das sich wissentlich jeder Normalisierung entzieht? Heidegger hat früh schon die gewöhnliche Auffassung der Wahrheit für eine in seinen Augen ursprünglichere aufgegeben: »Die Wahrheit ist in ihrem Wesen die Unwahrheit«, heißt es einmal. Es kann sein, dass sich hier ein Weg öffnet, den die Demokratie der Vernunft und ihre Institutionen nur für einen gefährlichen Irrtum halten kann.

Peter Trawny
Adyton. Heideggers esoterische Philosophie
120 Seiten, Klappenbroschur
ISBN 978-3-88221-662-2

»Adyton« bezeichnet das Unzugängliche, Unbetretbare, jenen Bereich des griechischen Tempels, in dem sich das Allerheiligste befand. Peter Trawny stellt das Unzugängliche in das Zentrum seiner Untersuchung zu Heidegger und zeigt ihn als politischen Esoteriker, der sich konsequent allen Diskursen der Öffentlichkeit zu entziehen versucht. Im beinahe intimen Akt, dem Geheimnis des Philosophierens wird sichtbar, dass Heideggers Philosophie auch von der erotischen Erfahrung lebt.